Wizardly Handbook
for Your Happy Life

穴口恵子の魔法手帳

穴口恵子
Keiko Anaguchi

Kizuna
Pocket
Edition

きずな出版

はじめに

魔法使いに
なると決めたら——

私たち魔法使いには大切な約束事があります。
　それは、自分もまわりも幸せになることを意図して、自然界と宇宙のパワーを活用して日々を過ごすこと。
　次の17の約束事を意識して、実践していきましょう。

★魔法使いの17の約束事

1 □ 幸せになるために自分を磨く
2 □ 毎日楽しみを見つける
3 □ 植物や動物とかかわって、仲良くなる
4 □ 植物のパワーで美しくなる
5 □ 動物たちが教えてくれる「今ここ」に集中する
6 □ 自然界からの恩恵に気づく
7 □ 月の周期を日常生活に活かす
8 □ 宇宙のパワーを味方につけて、夢や願いを叶(かな)える
9 □ 自分やまわりの人の本質とかかわる
10 □ 自分にもまわりにも愛をもって接する
11 □ 毎日のなかに幸せを発見する
12 □ 自分の大好きなことに時間をかける
13 □ 直感を使って、見えない世界の情報を現実に活かす
14 □ すべては可能だと信じる力で言葉を発する
15 □ 世界の矛盾(むじゅん)を楽しむ
16 □ 冒険心と好奇心をもって新しい体験に臨む
17 □ 夢や願いを叶えるために祈る（想いを馳(は)せる）

はじめに

★自分自身が決断する

　魔法使いというと、以下のようなイメージをもたれることがありますが、それは間違いです。

☐ おまじないをかけて、人を呪(のろ)う
☐ 人に不幸をもたらす
☐ 人に恐怖を植えつける
☐ 自然を操(あやつ)り、人を困らせる
☐ 人を動物やモノに変えたりする
☐ 悪魔と契約を結んで、人をコントロールする

　魔法使いは決して邪悪な存在ではありません。
　また、誰かに強制されたり、親が魔法使いだから、その子どももそうならなければいけないという掟(おきて)はありません。
　誰もが、宇宙の法則で、自由意志が尊重されています。
　魔法使いとして生きるかどうかは、あなた自身が決めることができるのです。
　私たち魔法使いには、とてつもない根源のパワーがあります。
　それがどうして与えられたかといえば、私たちは自分の自由意志と同じく、自分の人生に100％の自己責任を負っているからです。そうしたパワフルな意志を内側にもって、私たちは魔法を使うことを決意しています。

私たちは自分の人生にコミットして、魔法を学びます。
　魔法使いになることは、自分らしくいることへの決断の一歩なのです。
　私たちに求められる大事なことは、自分に偽りがなく、正直で素直であることです。だからこそ自然界や宇宙は、私たちにそのパワーを預けてくれるのです。

★真実の人生が始まる

　私たち魔法使いは、自分自身のもっている可能性にも純粋に取り組んで、素直に自分が成長することを信頼しています。
「自分らしいこと」を感覚的に身につけて、自分のハートの声を聴きながら、自分にとって本当に大切なことに気づいて、人生の選択をしていきましょう。
　魔法使いだからといって、四六時中、魔法を使うわけではありません。本当に必要だと心から感じたことに準じて、私たちは魔法を使っています。

　人生にはたくさんの選択肢があることを、私たちは知っています。そして、自然界と宇宙のパワーを味方につけて、何がベストかを自分で選び、実践しています。

「人生にはたくさんの選択肢があり、自分の意志でいちばん幸せに感じることを選んでいける」

はじめに

　あなたは、どんな人生を選びますか？
　あなたの人生は、奇跡の連続です。
　そうなる秘密は、次頁からの「奇跡を起こす魔法の5ヶ条」にあります。
　時には人生に迷い、傷ついてしまうような、うまくいかないこともあるかもしれません。
　そんなとき、この5ヶ条に立ち戻ることで人生の奇跡を取り戻すことができるのです。

　それこそが、私たちに与えられた人生の可能性が広がっていくチャンスです。
　チャンスをつかみ、自分のなかで育(はぐく)んでいけば、あなたのステージはまた一段、上がっていくでしょう。

　この『魔法手帳』は、オンラインサロン「魔法大学」を開校するにあたり、その記念として、拙著『神聖な自分と出会う魔女入門』をコンパクトに、いつもそばに置いていただける形に要約して出版したものです。
　不思議と奇跡を信じる皆様に、このような形でお届けできることは著者として、魔法使いとして、本当に幸せです。

感謝と愛をこめて
穴口恵子

奇跡を起こす魔法の5ヶ条

第1条　魔法を信じる
"BELIEVE IN MAGIC"

　魔法を信じること。そのためには、あなた自身がシンプルになることが求められます。「シンプルに」というのは、考えすぎずに、純粋に魔法に取り組む姿勢をもつ、ということです。そして、感じる力を使いこなすことです。「感じる力」とは、五感も含め、五感を超えた直感のことで、それを使うことや、見えないものを見る感覚に対してオープンになって使ってみることが大切です。

第2条　自分を信じる
"BELIEVE IN YOU"

　魔法を使う自分が、誰でもない自分自身を完全に信頼してあげることです。

　あなた自身が望んでいることを実現するためには、あなたが、すでにスイスイとその現実を創造している主人公である自覚をもつことです。

　奇跡を起こし、奇跡を体験するのは、あなた自身ですか

ら、あなたの望んだ現実という物語の脚本家はあなたであり、その主人公もあなたです。ここまで決意して自分を信頼することができたら、魔法は叶います。

第3条　愛を信じる
"BELIEVE IN LOVE"

　あなたのなかにある、もっとも大切な魔法の本質は愛です。あなたのなかにある愛という感覚を大切にしながら、魔法は自分にとっても、まわりにとっても幸せを与えることができるのです。

　魔法には実は、自分だけが得をするという概念はありません。自分の幸せを手にすることで、まわりにもその恩恵がやってくるのが本物の魔法なのです。その中心にあるのが愛という周波数なのです。この周波数を他の言葉で表すと、心地よさ、心の安らぎ、安心、優しさになります。

第4条　運命を信じる
"BELIEVE IN DESTINY"

　あなた自身が、この時代に生まれることを決めた本人です。生まれる前からどんな人生を選び、その人生に沿った脚本を描いたのも、あなたなのです。そして、あなたの脚本はいつでも、本人が決めたものだからこそ、自分で書き

換えることができます。

　運命はあなたの人生が、あなたにぴったりくる道のりを示してくれます。それは、あなたらしくいちばん幸せな人生を生きるために、あなたが仕組んできたのです。だから、運命を信じることで、自分軸をもって、いまの人生をどうするかを選ぶことができるようになります。

第5条　自分の行動に確信をもつ
"BELIEVE IN ACTION"

　自分が決めたことを行動に移すこと。あなたがどんなことにしろ、自分がやると決めたことを迷うことなく、行動に移すと、あなたがかけた魔法は叶っていきます。

　確信をもって行動に移すと、自然界も宇宙も応援してくれます。自然界の応援は、あなたが具体的にアイデアを形にするために力になってくれます。だからこそ、自然界とのつながりをもつために、魔法使いは頻繁に自然のなかで過ごします。そして、宇宙の応援は、あなた自身がより高い意識へと向かうサポートをしてくれます。あなたが宇宙の高い周波数を取りこんで、最高の視点から魔法を叶えていく手助けをしてくれます。

目 次 contents

はじめに
魔法使いになると決めたら――

- ★魔法使いの17の約束事 ……………… 4
- ★自分自身が決断する ……………… 5
- ★真実の人生が始まる ……………… 6

- 奇跡を起こす魔法の5ヶ条 ……………… 8

Chapter 1
受け継いできたもの

- 魔法使いに生まれた人たち ……………… 16
- 過去世で魔法使いだった確率 ……………… 18

Chapter 2
愛と豊かさを引き寄せる

- 鏡のなかの自分に宣言する ……………… 22
- 自分自身を愛で満たす ……………… 26
- チャームに想いをこめる ……………… 27
- 純粋な想いをチャージする ……………… 29
- 豊かさを引き寄せる ……………… 32

Chapter 3
自然界のパワー

免疫力をアップさせる …………… 30
女子力をアップさせる …………… 38
魔法使いの愛したハーブ …………… 41
ハーブで健康を育む …………… 44
ハーブティーを楽しむ …………… 51
お茶に合う9つのハーブ …………… 54

Chapter 4
真実を見抜く

本質に目を向ける …………… 60
神聖な運命を開くゲート …………… 62
1つめのゲートを開く …………… 63
感情をマスターするゲート …………… 65
思考をマスターするゲート …………… 71
誰でもできる透視の方法 …………… 75
透視する5つのステップ …………… 76
透視術で問題を解決する …………… 82

Chapter 5
クリスタルのパワー

母なるガイアからの恵み ……… 86
人生を変容させる ……… 88
魔法の杖の使い方 ……… 94
癒やしの魔法 ……… 97
空間を聖域にする魔法 ……… 100
願いを叶える魔法 ……… 101
クリスタルを身につける ……… 104
テーマ別にクリスタルを選ぶ ……… 105

Chapter 6
アロマセラピー

香りの魔法 ……… 114
いま必要なアロマを探す ……… 115
アロマスプレーをつくる ……… 122
アロマバスの魔法 ……… 125
聖域をつくるアロマの魔法 ……… 126

Chapter 7
魔法と月の魔力

新月と満月に集う ………… 130
月夜の奇跡を起こす ………… 132
月が教えてくれること ………… 134
新月の浄化の魔法 ………… 137
新月の現実化の魔法 ………… 139
上弦の月の魔法 ………… 142
満月の魔法 ………… 144
満月の感情解放の魔法 ………… 145
満月の感謝の魔法 ………… 147
下弦の月の魔法 ………… 149
月と約束の時間をもつ ………… 152

おわりに
魔法使いの人生は いつでも選択できる ………… 155

本書は2016年に出版された『神聖な自分と出会う魔女入門』を改訂、再編集したものです。

受け継いできたもの

魔法使いに生まれた人たち

　超古代文明のレムリア時代からスタートしている魔法の世界観から見ていくと、「すべての人は魔法が使える」という説にたどり着きます。

　レムリア時代の人々には、それぞれの担当する自然界とのかかわりや、宇宙とのかかわりが自由自在にできていて、魔法を使うことは、現代の私たちが挨拶をするのと同じぐらい、ごく当たり前のことだったのです。

　さらに、歴史とともに、二元性の世界観で生きる時代から、自然界や宇宙のエネルギーを生まれながら使える家族と、そのようなエネルギーを信じることをやめた家族に分かれたのだと思うのです。魔法を大事に伝えられて残ったのが魔法使いの家系とされ、そうでない家系の人々は、普通の人間とされたのでしょう。

　ちなみに、魔女と呼ばれる人は、「魔法を使う女性」のことです。そして、魔法を使う男女は「魔法使い」と呼んでいます。

　この歴史の流れからも、魔法使いという存在が、人々の生活なかで求められてきたのだということがわかります。

　心身の健康、悩み事の解決、重要な意思決定を行うとき

Chapter 1
受け継いできたもの

にアドバイスをする人として、魔法使いがいたのです。

あるときはハーブを使って病気を治したり、クリスタルを使って生命力を取り戻したり、あるときは星を読みとって人生を導いたりしてきました。

魔法使いはマルチタスクを担(にな)う人として、人々が頼ってきたのです。いまでいう医師、コンサルタント、心理カウンセラー、占い師、自然治療家の役割を一人でこなせる人が、魔法使いとして扱われていました。それと同時に、人間の知恵では説明がつけられないような神がかり的な出来事が起きたときにも、魔法使いが介在していました。

絶体絶命だと思われるような出来事にも、火事場の馬鹿力を発揮して、人や貴重なものを守ったりした人も、魔法使いと呼ばれたのです。

魔法使いは太古の時代から自然界の力や宇宙の法則を、そのまま取り入れることを口伝(くでん)で教わって、社会に貢献していたのです。

国によっては、魔法使いと呼ばれずに、他の名前で呼ばれていることもありました。
「シャーマン(祈禱(きとう)師)」「呪術(じゅじゅつ)師」「巫女(みこ)」「メディスン・マン(ウーマン、薬草を使う人)」も、「魔法使いの役割」を果たしていたといっていいでしょう。

過去世で魔法使いだった確率

この本を手にしたあなたは、過去世でも魔法使いだった確率が高いかもしれません。

過去世で魔法使いであった方々には、傾向があります。

たとえば、自然に触れると自分の直感がますます冴えてきて、自分の思ったことが叶いやすい。気づいたら、エッセンシャルオイル（精油）、クリスタル、動物などの自然界からの贈り物を自分のまわりに置いているということもあります。そして、夜空の星を見上げると、宇宙の偉大な恩恵を感じ、自分も活かされていると感じたりもします。

日々のなかで、気がついたら、自分の願いが叶っていて、自然にまわりの願いを叶えることにも貢献しています。

どこかで純粋な心を感じていて、善意をもって、自分ともまわりともかかわっていくことが当たり前になっていることも、過去世で魔法使いであった可能性が高いです。

また、中世に魔女狩りにあったりした過去世がある方は、かなり正義感にあふれていて、自己犠牲を払っても、その正義を守りぬく信念をもっていたりもします。

同時に、この時代に魔女狩りのトラウマをもって生まれてきた人は、人前に出ること、目立つことを嫌う人もいます。火を見ると、そのトラウマが蘇ってきたりもします。

Chapter 1
受け継いできたもの

　これから、あなたが過去世で魔法使いだった確率を探ってみましょう。

　次の項目で当てはまる□に、チェック（✓）をつけていきましょう。

1　□ 目立ったり、人前に出るのが怖い。
2　□ 人が好きだけれど、裏切られると思う。
3　□ 自分のサイキックな才能を開きたくない。
4　□ 火が怖い。
5　□ 植物を見て、話せるような気がする。
6　□ 植物は癒やしの力があると信じている。
7　□ アロマオイルを毎日使っている。
8　□ ハーブティーを好んで飲んでいる。
9　□ 薬草と聞くとなぜかワクワクしてくる。
10　□ 自然のなかにいるほうが自由になれる。
11　□ クリスタルを集めている。
12　□ クリスタルに触れると元気になる。
13　□ クリスタルと会話ができる。
14　□ 魔法使いと聞いたら、ワクワクする。
15　□ 目に見えない世界があると信じられる。
16　□ 直感が冴えている。
17　□ 個性的とまわりから言われる。
18　□ 人に役に立つことにワクワクする。
19　□ 好奇心旺盛である。

20 □ 人に変人扱いされることがある。
21 □ 星や宇宙の知識を集めたり、知恵を絞ることが好き。
22 □ どちらかというと白黒をはっきりするほう。
23 □ ミステリアスなことが好き。
24 □ 自分には不思議な力があると思っている。
25 □ 人間より動物や植物といるのが好き。

	✓の数	「✓の数」×4 = 魔法使い度（%）
例	16	(16 × 4 =) 魔法使い度 64 %
あなた		(　 × 4 =) 魔法使い度　 %

　過去世が魔法使いであった確率が高ければ、きっと今世でも魔法使いとしての才能を開いていくでしょう。本当に自分の可能性を自由に発揮することを選んでみましょう。

　過去世が魔法使いの確率が少ない方は、もしかしたら、この人生で魔法使いとしての才能を開くために、この本に出会っているのかもしれません。

　どちらであったとしても、大切なことは魔法使いとしての才能を開いて、実践していくことを決めることです。

　魔法使いとしての実践は、毎日の生活ととても密着しています。この本に書いてあることを実践していくことで、誰もが魔法使いとしての人生を送れるようになり、自由に本来のままの自分で生きやすくなっていくでしょう。

Chapter 2

愛と豊かさを引き寄せる

鏡のなかの自分に宣言する

　魔法を信じる。それはまず自分自身を信じることから始まります。
　自分を信じるために必要な魔法の呪文(じゅもん)があります。

「神聖なる私の名において……」

　たとえば、
「神聖なる私の名において、私は100％私を信じて、〇〇をしています」
　などと「〇〇」の箇所に、あなたが決めたことを言葉にして自分に伝えます。

　この言葉を唱えるときに必要なアイテムは鏡です。
　鏡の形は楕円や円の鏡を使いましょう。
　楕円や円は角がなく、信じる心を循環しつづけるのです。

　鏡にあなたの顔を映して、鏡のなかのあなたと目を合わせて、宣言します。
　たとえば、あなた自身が自分を信じて、自分の気持ちを誰かに告白するときには、こんなふうに宣言します。

Chapter 2
愛と豊かさを引き寄せる

「神聖なる私の名において、私は100％私を信じて、〇〇さんに私の気持ちを正直に伝えます」というふうに、鏡を見ながら宣言します。

　何かを決めて、行動に移すときには、魔法使いは真実の剣を使います。
　これは、自分が決めたことをやり通す、自分への神聖な誓いをするためのものなのです。
　剣はとくに購入する必要はありませんが、イメージで必要であれば、ペーパーナイフで、剣の形をしているものを用意しておくといいでしょう。
　こんなイメージで自分に誓いを立てていきます。

　真実の剣を胸にあて、誓いを立てます。
「神聖なる私の名において、私は〇〇を誓います！」
　〇〇に、あなたが決めたことを言葉にして、自分に伝えます。
「神聖なる私の名において、私は私の才能を活かす新しい職場を見つけることを誓います！」……というように。
　真実の剣は、誓いを立てたあとにも使います。
　それは、あなたが誓いを立てたにもかかわらず、自分の気持ちが揺らいだり、疑ったりしたときに真実の剣を胸にあてるイメージをして、誓いを思い出して、疑いを拭って

いきます。
　軽く目を閉じて、自分自身の胸に真実の剣をかざすイメージをして、息を吐くときに、一緒に疑いの気持ちを吐きながら、取り除いていきます。気持ちがすっきりするまで、行っていきます。

　日々の生活のなかで、人間関係のなかで、気づいたら誰かの気持ちに沿うあまり、自分の気持ちを後まわしにしたりしていませんか？
　まわりの意見に振りまわされてしまって、本当のところ自分はどうしたいかを見失うこともありがちです。
　こんなときには、魔法使いは自分の聖杯を出して、全身を浄化していきます。
　魔法使いは、聖杯のなかにはピュアな聖水が無尽蔵(むじんぞう)にあるという魔法を信じています。
　聖杯をイメージして、あなたのからだや、からだのまわりにあるオーラにも聖水を注(そそ)ぎながら、魔法の呪文を唱(とな)えます。

　自分の純粋な気持ちを大切にしたいときは、聖杯をイメージして、聖水をオーラとからだに注ぎながら、「神聖なる私の名において、私は私の純粋な気持ちだけを保ちます」と3回宣言します。
　自分の純粋な意見を大切にしたいときは、聖杯をイメー

Chapter 2
愛と豊かさを引き寄せる

ジして、聖水をオーラとからだに注ぎながら、「神聖なる私の名において、私は私の純粋な意見だけを保ちます」と3回宣言します。

　もし、誰かがあなたを否定・批判し、怒りをぶつけられたと感じたり、自己嫌悪や自己否定をしてしまったら、聖杯をイメージして、聖水をオーラとからだに注ぎながら、「神聖なる私の名において、私は私の神聖さだけを保ちます」と3回宣言します。

　このように実践することで、日常がさらにクリアになり、軽やかな自分でいられるようになります。自分という本質が自分軸となるように、魔法使いはこのように魔法を自分にかけているのです。

自分自身を愛で満たす

　愛は、永遠の課題ともいえるぐらい、複雑に思えることもあります。誰もが愛に満ちた人生を送りたいと思っていても、愛に枯渇(こかつ)する現実を体験したりしています。

　愛は、お金や豊かな人間関係や健康をも手にする大切な原動力となります。

　愛と豊かさの魔法は数々ありますが、愛と豊かさを引き寄せるアイテムを手にして、愛を引き寄せ、自分を愛で満たして、すべての豊かさを実現していきましょう。

　魔法使いにとっては、愛が魔法の基盤となっています。そのために、魔法使いは自分を愛で満たすことを怠(おこた)りません。自分を愛で満たし、人生のすべての豊かさを実現する魔法のアイテムは、チャームです。

　いまでは、チャームはアクセサリーなどに使われていることが多いのですが、本来は魔法のアイテムの一つでした。

　チャームに、純粋な想いをこめることで愛と豊かさを叶える魔法のチャームとして、使えるようになります。

　まずは、何よりも自分を愛で満たしていくことから始めます。

Chapter 2
愛と豊かさを引き寄せる

チャームに想いをこめる

　自分を愛で満たしていくために使われているチャームは、よく見るハートの形をしたアイテムです。

　シルバーのハートやゴールドのハート、ピンクのクリスタルのローズクォーツでできたハートなどが代表的なチャームとなります。ハートの形のチャームを見つけたら、純粋な想いをこめていきます。

　ハートの形をしたチャームに純粋な想いをこめる方法は次のとおりです。

① ――チャームを清めます。聖杯をイメージして、聖水をチャームに向かって注いでいるイメージをします。
② ――純粋な想いをチャームにこめるために次の言葉を使います。「神聖なる私の名において、私は私の純粋さに誓い、私を愛で満たします。そうなりました」
③ ――この言葉を3回唱えたら、チャームにあなたを満たす愛が宇宙から注がれているイメージをしてみましょう。ピンク色やピンク紫の光がチャームに注がれているイメージをするのもよいでしょう。この方法は、チャームをチャージするという言葉で表されます。
④ ――チャージされたチャームを右手にもって、胸の中心にお

いて、チャームから発せられる愛を象徴するピンク色やピンク紫の光でからだを満たします。胸の中心が暖かくなって、あなたの内側にある愛が、さらに自分を満たしていくのを充分に感じてみましょう。

⑤──チャージされたチャームは、身につけたり、シルクや麻などの天然素材の布の袋などに入れて、持ち歩きます。

⑥──ときどき、そのチャームを眺めて、ピンク色やピンク紫の光であなたのオーラやからだ中を満たしていくイメージをして、愛で満ちている自分を思い出しましょう。

　人生に愛を引き寄せたいと思っているならば、まずは、この方法で自分が愛で満たされている日々を送っていくことが鍵となります。

　愛で満たされている自分自身に毎日出会うために、チャームだけではなく、自分の信念のなかに「神聖なる私の名において、私は日々愛に満ちた行動を選択しています」と鏡の前で3回宣言して、毎日をスタートさせます。

　この魔法は、愛の周波数にできる限り自分の一瞬一瞬を近づけ、日常を過ごすために行います。

Chapter 2
愛と豊かさを引き寄せる

純粋な想いをチャージする

　愛の周波数でいられるようになってくると、愛を引き寄せやすい自分に生まれ変わっていきます。
　シルバーやゴールドなどでつくられた六芒星（✡）のチャームは、男女のパートナーシップを促してくれるチャームです。クリスタルで紫とゴールドの色のアメトリンというクリスタルもパートナーシップのバランスを保つアイテムとして使えます。

　チャームには、先ほどと同じようにパートナーシップに対しての純粋な想いをチャージしていきます。愛で満ちた自分がパートナーシップに対して、どんな気持ちでいるかをチャームにチャージしていきます。
　大切なポイントとしては、誰かを傷つけるようなことは一切しないことが原則です。
　たとえば、好きになった人にすでに恋人がいたり、結婚している場合は、この魔法は使えません。
　愛に満ちた自分が、純粋な心で愛を引き寄せるためにのみ、活用することができるのです。

①──チャームを清めます。**聖杯をイメージして、聖水をチャー**

ムに向かって注いでいるイメージをします。

② ──純粋な想いをチャームにこめるために、次の言葉を使います。

「神聖なる私の名において、私は私の純粋さに誓い、私は愛するパートナーを私の人生に招きます。そうなりました！」

③ ──この言葉を3回唱えたら、チャームにあなたがいちばん望んでいるパートナーシップの周波数が宇宙から注がれているイメージをします。ピンクゴールドの光がチャームに注がれているのをイメージするのもよいでしょう。

④ ──チャージされたチャームを右手にもって、胸の中心において、チャームから発せられるパートナーシップを実現するピンクゴールドの光でからだを満たします。
目を閉じて、あなたとパートナーが一緒に楽しく過ごしている風景を思い浮かべてみましょう。パートナーと一緒に出かけたい場所をイメージすることもしてみましょう。パートナーと一緒に過ごしているときに気持ちを充分感じてあげましょう。

⑤ ──チャージされたチャームは、身につけたり、シルクや麻などの天然素材の布の袋などに入れて持ち歩きます。

⑥ ──ときどき、そのチャームを眺めて、ピンクゴールドの光であなたのオーラやからだ中を満たし、パートナーがあなたの側にいるイメージを楽しみましょう。できる限り、新しい出会いを与えてくれる新しい場所にも出かけてみま

しょう。

　パートナーシップを引き寄せるチャームは、勇気をもって自分の出会いたい人を見つけるために使います。
　チャームをつくったから終わりではなく、チャームの効果を見るためにも、出会いたい相手が行くような場所に出かけ、気になる相手がいるならば、その人に一歩近づく行動を起こすことで、パートナーシップへの変化が始まります。

豊かさを引き寄せる

　豊かさを引き寄せる魔法のアイテムは、コインそのものやお金を入れる袋のチャームです。五円玉や外国のコインを使って、チャージします。

　アイテムをチャージする前に、お金を手にしてどうしたいかをはっきりと決めておくことが鍵となります。

　お金は愛と同じで、循環できるものなので、どんなふうにお金を人生で循環させたいかを決めておきましょう。

　たとえば、旅行をするためにお金を引き寄せたいならば、

・どこに旅行に行きたいか？
・その国でどんなふうにお金を支払っているか？

　などを想像してみてください。

　あなたが手にしたお金は、航空券やホテル代になっているだけではなく、その国の誰かの手にも渡っていきます。

　そうして、お金は循環しながら、また、あなたのもとにも戻ってくる、というところまで意識をしておきましょう。

①——どのコインをチャームにするかを決めます。
②——チャームを清めます。聖杯をイメージして、聖水をチャームに向かって注いでいるイメージをします。コインはたくさんの人の手に触れてあなたのもとに来ていますので、

念入りに、清めてあげましょう。

③──純粋な想いをチャームにこめるために、次の言葉を使います。

「神聖なる私の名において、私は私の純粋さに誓い、私はお金という豊かさを手にして、循環します。そうなりました!」

④──この言葉を3回唱えたら、いくらぐらいの金額を引き寄せて、循環したいかをイメージします。そして、どんなふうにお金があなたのもとに来て、どんなふうにお金を使っているかもイメージしてみましょう。宇宙からもっとも豊かな周波数のゴールドの光がチャームに向かって注がれているのをイメージしましょう。

⑤──チャージされたチャームを右手にもって、胸の中心において、チャームからゴールドの光があなたの胸に注がれていくイメージをします。目を閉じて、あなたのもとにイメージしたお金が手に入り、そのお金を具体的にあなたが望んだ形で使っているイメージをしましょう。

⑥──チャージされたチャームは、身につけたり、シルクや麻などの天然素材の布の袋などに入れて、持ち歩きます。

⑦──ときどき、そのチャームを眺めて、豊かなゴールドの光があなたのオーラやからだ中を満たしていくイメージをして、喜びのなかでお金を受けとり、使っているイメージを楽しみましょう。具体的にお金があなたのもとにやってくる兆(きざ)しもキャッチしてみましょう。

Chapter 3

自然界のパワー

免疫力をアップさせる

　魔力をアップするには、心もからだも健康でなくてはなりません。魔法は自然界のパワーをもらって行うものですから、純粋に自然界で育てられた食物を食べることが何よりも大切な鍵になります。

　オーガニックの野菜やフルーツを食べて、血液をさらさらにして、免疫力や体力をアップしてあげることです。ハーブのエキスやハーブティーをとりながら、心も頭も明晰さ(めいせき)を保てるようにします。

　野菜やフルーツやハーブには、それぞれ要素や働きがあります。いつどんなときに、どんな魔法を使うかで、必要な食べ物も変わってきます。

　太陽や大地からのエネルギーを受けとるには、旬の野菜やフルーツを食べることが一番です。春夏秋冬、それぞれの季節で自然に育つ野菜やフルーツを食べるようにしましょう。

Chapter 3
自然界のパワー

春夏秋冬の野菜やフルーツには、こんなものがあります。

春……筍(たけのこ)、グリーンピース、トマト、きぬさや、アスパラガス、セロリ、新キャベツ、新じゃがいも、新ごぼう、新玉ねぎ、ふき、ベビーコーン、わらび、らっきょうなど。いちご、グレープフルーツ、はっさく、マンゴーなど。

夏……スイートコーン、なす、パプリカ、オクラ、空心菜(くうしんさい)、唐辛子(とうがらし)、さやいんげん、みょうが、えだまめ、トマトなど。夏みかん、パイナップル、びわ、あんず、スイカ、さくらんぼ、メロン、マンゴーなど。

秋……松茸(まつたけ)、生姜、ズッキーニ、里芋、かぼちゃ、春菊、銀杏(ぎんなん)、レタス、にんじん、マコモダケ、ほうれん草、ユリ根、長芋など。ぶどう、なし、いちじく、栗、柚子、りんご、柿、花梨(かりん)、みかん、シークワーサーなど。

冬……春菊、ネギ、白菜、ほうれん草、だいこん、芽キャベツ、小松菜、ごぼう、ブロッコリー、にんじん、れんこん、カリフラワー、野沢菜、かぶ、アボカド、さつまいも、水菜、わさび、ふきのとう、タラの芽など。いよかん、キウイ、みかんなど。

女子力をアップさせる

　魔法使いは自然界のサイクルを大切にすることを自然の法則で学んでいるので、季節感を大切に味わいながら、食を楽しんでいます。とくに生で食べられるものは、火を通さず、自然の恵みに感謝して、季節を祝って、それをいただきます。

　ルビー色のざくろは、私たち魔法使いにとって大切な食べ物の一つです。
　ざくろには、女性らしさや豊かさが表されています。
　古代から縁起(えんぎ)のいいものとして、お供(そな)え物にも使われていました。また、女性の魅力アップに貢献するともいわれています。
　ざくろの成分には、カリウムやポリフェノールが入っていて、抗酸化作用があります。
　ざくろの種にはエストロゲンが含まれているので、エストロゲンを補充して、女性ホルモンのバランスをとるサポートをしてくれます。また、血流をよくする効果があり、内臓脂肪をためないサポートをするので、ダイエット効果もありそうです。
　女性ホルモンが充分あることで、魔法使いはいつまでも

Chapter 3
自然界のパワー

みずみずしく、年齢不詳でいる魔法を使うのです。

　魔法使いは夏になると、スイカジュースをつくって、「スイカデトックス」をします。

　スイカにはリコピンやアントシアニンが含まれていて、抗酸化作用があります。からだのむくみをとり、からだをすっきりさせます。むくみを改善してくれるカリウムも含まれていて、おまけに、美肌効果があるといわれているシトルリンが成分に含まれています。

　夏は生命力を感じさせてくれる季節ですが、スイカの赤い色は、夏の生命力をますますアップさせてくれます。

　いちじくは、若返りや不老不死のフルーツとして知られています。実際に、ザクロエラグ酸やアントシアニンが含まれており、抗酸化作用があります。メラニン色素をおさえる働きもあり、美白効果もあるそうです。植物エストロゲンも成分に含まれているので、女性ホルモンのバランスをとってくれるのにも役立ちます。

　いちじくは昔から、精神的な豊かさと子孫繁栄をもたらすと伝えられています。いちじくのなかのつぶつぶの部分は種に間違われますが、じつは花で、それを見ているだけで豊かさを感じさせてくれます。

　魔法使いといえば、りんごはやはり外(はず)せません。
『白雪姫』に出てくる魔法使いと毒りんごは有名ですが、

魔法使いにとっては、りんごがとてつもなく魅力があります。

りんごには100種類以上のポリフェノールが含まれているという研究発表がありますが、それらの「りんごポリフェノール」にはパワフルな抗酸化作用があり、りんごが不老に効く媚薬(びやく)といわれる所以(ゆえん)です。

また、りんごはバラ科の植物です。バラは愛の象徴ですから、りんごにも、自分への愛や他者への愛を高めてくれる意味が含まれます。

Chapter 3
自然界のパワー

魔法使いの愛したハーブ

　世界中のハーブを数えたら、星の数ほどあります。地球からの人類への素晴らしい贈り物のハーブを魔法使いは讃えて感謝して、ハーブの力を借りて、日々を送っています。
　ハーブは、魔法使いの食生活と住む空間には欠かせない魔法使いの宝物です。
　古代エジプトでは、媚薬や毒薬として、使われることがありました。美の魔法を愛していたクレオパトラのお気に入りには、ジャスミンやバラなどがあります。

　ハーブは、食用と薬用、香り用に分かれています。ハーブは食することもでき、乾燥させて、部屋の芳香剤にも使えます。また化粧水や美肌クリームとしても使えます。空間の魔除けとして使ったりもしています。
　魔法使いが愛した日常に欠かさないハーブは、からだのデトックスに使ったり、からだのバランスを整えて免疫力をアップしたり、血液の循環をよくしたりする効果があるので、そのために必要なハーブを生活のなかで活用しています。
　いまでは、自然のハーブは、サプリメントやハーブエリクサー（液体）となってドラッグストアやオーガニックスー

パーなどでも扱っているので、手軽にハーブを摂取することができます。

ハーブを取り扱うときに、注意しておくこともあります。

ハーブは摂取量や摂取期間などを誤ってとりすぎたり、混ぜすぎたりすると本来の健康を損ねてしまうこともあります。

いちばんの健康は、からだの自然治癒力を発揮することです。ハーブは、そのサポートをするために貢献してくれます。

すべての生きとし生けるものには波動があります。

一つひとつのハーブにも波動があります。

ハーブを選ぶときも、その波動を感じとることができると、ハーブの魔法を使えるようになります。

ハーブにも色、形、香りがあり、育てられる環境のパワーも含んでいます。

自分の波動もメタセルフ（超越した自分）で観察して、波動のマッチするハーブを選んでいきます。

たとえば、からだが重くて、便秘がちになっている状態であれば、からだをすっきりさせて、便秘を解消する手助けをしてくれるハーブをお茶やサラダに加えて、食事をするのがベストです。

11世紀の終わりに、ドイツに生まれた魔法使いのカリス

Chapter 3
自然界のパワー

マ的修道女がいました。

　小さい頃から透視能力が高く、8歳で修道女となったヒルデガルト・フォン・ビンゲン女史は、多才な女性でした。

　ヒルデガルトが7年かけて書き上げた本『フィジカ──自然治癒力』には、自然界がからだに与える素晴らしい影響があることを記されています。そこには200種類以上の身近に見つけられるハーブが紹介されています。ハーブを扱う魔法使いにとっては、大切な教本の一つです。同書は、食事そのものが健康であるための大切な薬だと教えてくれました。

　万人に効く食物「フェンネル」「スペルト小麦」「栗」の3つは、誰もが健康を維持するために食べるといいと書かれていました。

　ここに紹介されたフェンネルは、ハーブのなかでも健康維持に欠かせない役割をしています。フェンネルは、空腹のときに食べると老廃物を減らすサポートをしてくれます。

　最近は、スーパーフーズとして扱われるような種類のハーブがあります。スーパーフーズとは、栄養のバランスがとれて、突出した成分が含まれている食べ物です。たとえば、モリンガ、チアシード、ケールなどがスーパーフーズとして知られています。

ハーブで健康を育む

セント・ジョーンズ・ウォート

●魔除けとして、自分を保護するために乾燥したものを部屋に飾っておく。気分が落ちこんだり、ストレスを感じたりしているときに、サプリメントを飲むことで鎮静作用を促してくれます。脳内の神経伝達物質の一つである「セロトニン」が減少すると、感情的に落ちこんだり、ストレスを感じやすくなります。セント・ジョーンズ・ウォートには、セロトニンの分泌を増やす「ヒペリシン」と、セロトニンの不足を補う「ヒペフォリン」が含まれているので、感情を安定させてくれます。からだをゆるめる作用があるので、眠くなることがあります。パワフルなハーブなので、単独摂取がオススメです。1日の摂取量は300mgを3回が適切な量です。他の医療薬を服用している方にはすすめません。妊娠中の方は控えましょう。

ジンジャー

●からだが冷えこんでいたり、血行が悪いなと感じたら、ハーブティーにジンジャーを入れたり、お湯に生のジンジャーをすりおろして、はちみつを加えたホットジンジャーをつくって飲みましょう。便秘がちの人にもオススメしま

す。からだを温めて発汗作用を高め、血行をよくしてくれます。胃腸の働きを整える効能もあるので、吐き気や胃もたれも軽減してくれます。ジンジャーの成分には「ジンゲロン」と「ショウガオール」が含まれていて、この成分がからだを芯まで温める役割をしています。

よもぎ

●和製ハーブの女王と呼ばれているぐらい、オールマイティなハーブです。ダイエット効果、貧血改善、美肌効果、婦人科系の不調の改善、コレステロール値低下、安眠作用などがあります。ほうれん草の約2倍の繊維質があり、クロロフィルも成分に含まれています。悪玉コレステロールを低下させる成分が、よもぎのクロロフィルには含まれています。ベータカロテン、ビタミンK、ミネラル、シネオールなどの成分も含まれているので、オールマイティなハーブとして使われています。ハーブティー、サプリメント、食事で食べるだけでなく、よもぎ蒸しによって、からだをデトックスする効果があります。よもぎ蒸しとは、穴のあいた陶器の椅子に座って、その椅子の下で釜に入れたよもぎを煮て、よもぎの香りのスチームを肛門やからだに直接あてる健康法です。

モリンガ

●「奇跡の木」と呼ばれるハーブとして知られています。

モリンガには驚くほどの栄養成分が含まれています。インドでは、アユルベーダという民間療法に使われています。疲労回復、アンチエイジング、からだのむくみを解消、免疫力アップ、抗炎症作用などの効果が期待されています。アフリカでは、緑のミルクとも呼ばれています。モリンガは、根っこも茎も葉っぱも花もすべて含めて約90種類の成分が含まれています。さまざまなミネラル、ビタミン類、必須アミノ酸、アミノ酸が含まれています。モリンガのパウダーをスムージーに入れて飲んだり、お茶として飲むこともできます。モリンガはサプリメントとして摂取できます。とはいえ、モリンガも他のハーブと同様に、とりすぎは逆効果ですので、1日に摂取する量はパウダーで2〜3mgが目安です。

マージョラム

●魔法使いが特別に愛した薬草の一つです。長寿のハーブとして愛用しています。料理にもアロマにもハーブティーにも活用しています。伝説では、愛と美の女神アフロディーテがマージョラムをつくったので、幸せを呼びこんでくれるという意味もあります。ギリシャなどでは、結婚する男女がフレッシュなマージョラムの冠(かんむり)をつけて結婚式をするほど、幸せを象徴するハーブです。カルバクロールやベータカロテンを豊富に含んでいるので、からだの抗酸化作用をサポートしてくれます。マージョラムは、お茶として食

前にとると食欲を増進し、食後にとると消化を促進してくれる特徴があります。頭痛や生理痛の痛みをやわらげて、神経を落ち着かせるサポートもしてくれます。解毒作用や防腐作用もあるハーブです。妊娠中の使用は避けましょう。

エキナセア

●免疫細胞を活性化して、免疫力をアップしてくれます。風邪やインフルエンザにかからないように予防してくれます。エキナセアの成分のタンパク質類、フラボノイド、多糖類が免疫機能を高めてくれます。

ネイティブ・アメリカンは、蛇に咬みつかれたときや傷口を消毒するためにエキナセアを使っているという言い伝えがあります。エキナセアはお茶として飲まれたり、サプリメントとして摂取されることがあります。エキナセアは毎日続けて飲むハーブではなく、風邪の予防などに2週間ぐらいと期間を区切って飲むハーブです。飲みつづけることによって、かえってからだが免疫力をつけ損ねてしまうこともあるので、気をつける必要があります。

セージ

●ハーブの名前そのものが「救う」「癒やす」という意味をもっているセージは、抗菌力があります。五感を活性化する作用もあるので、お茶にして飲みます。血液の循環を促し、生命力をアップしてくれます。体液の浄化もしてくれ

ます。体液が過剰になると体臭や口臭が気になりますが、セージをとることでそれをおさえてくれます。歯周炎、口内炎などの炎症も、セージのお茶でうがいすることでやわらげることができます。継続して飲んでいても、3週間たったら1週間ほどはセージをとることを控えるようすすめられています。高血圧の人や妊娠中の人は使用を避けましょう。

シナモン

◉最古のハーブともいわれているシナモンは、ミルラという精油と一緒にミイラづくりにも使われていたそうです。脳を活性化する効果があるので、霊感も冴えるといわれます。甘い独特の香りで、脳に刺激を与えてくれるのは間違いありません。アルツハイマー型認知症の原因となるタウタンパクを分解してくれるようです。シナモンティーのほか料理にもシナモンは使えます。また、お風呂に入れて使うと、シンナミックアルデヒドという成分が作用して、皮膚を通る毛細血管に刺激を与えて、活性化してくれます。美肌効果もあるシナモンは、魔法使いの美容には欠かせません。ただし、妊娠中は避けましょう。

コリアンダー(パクチー)

◉香草で、タイ料理によく使われている強い香りのハーブです。精力をアップしてくれるハーブとして使われています。強い香りはするものの、恋愛成就の媚薬であるともい

Chapter 3
自然界のパワー

われています。そして、デトックス効果も高いのが特徴です。体内にたまった重金属などの有害物を排出してくれる効果があります。ビタミン類、ミネラル類も豊富なハーブなので、美容と健康に役立つパワフルなハーブです。眼精疲労にも効きます。カリウムも成分に入っているので、血圧を調整する働きがあり、高血圧の人も食べるとよいハーブです。サラダや料理に入れて食べるのがいちばんオススメです。

　多くのハーブはパワフルなので妊娠中は使えないのですが、妊娠中でも安全に楽しめるハーブも少しお伝えしておきます。ハーブはカフェインフリーのものが多いので、ハーブティーにすれば、安心して飲むことができます。

　ジンジャー、ペパーミント、ローズヒップなどを、飲みすぎないように意識しながら、ホッと一息つきたいときや、つわりの不快感から解放されたいときなどにハーブティーにして飲みましょう。

　魔法使いが愛したハーブは、数知れない種類がありますが、何よりも大切なのは、使うハーブの精霊とかかわることで、必要な癒やしや活力を受けとることが可能になるということです。

　ハーブの魔法は、シンプルにハーブとかかわることからスタートします。自分のからだを静寂にして、からだが必要

だと感じるハーブはどんなものがあるかを探ってみましょう。

　ハーブの効能を学ぶための本や情報はたくさんあります。魔法使いは自分の感性を羅針盤としてハーブを選び、生活に取り入れています。

　ハーブの魔法を使う方法をまとめておきましょう。

　ハーブの精霊とつながって、ハーブを使ったり、食したりするのとしないのとでは、その効果は変わってきます。そして、ハーブを食するときには、大地とハーブへの感謝を忘れずにいただきます。

　そのハーブにどのように働きかけてもらいたいか？　ということについても、ハーブの精霊に伝えておきましょう。

　ハーブを食するときに、その目的が叶ったという意図をもっていただきます。食べ終わったら、感謝とともに合掌します。

　ハーブは空間やオーラの浄化にも使えます。とくに乾燥させたホワイトセージは、線香に火をつけるようにして炎で燃やし、煙で浄化したい空間やオーラ全身に煙を行きわたらせて、ネガティブなエネルギーが取り除かれていくことを意識します。

　ネイティブ・アメリカンは、ホワイトセージを儀式が始まる前に自分を浄化するために使っています。

Chapter 3
自然界のパワー

ハーブティーを楽しむ

　魔法使いはTPOに合わせてハーブを活用しています。
　現代社会で魔法使いらしくイキイキと魔法を発揮するためには、身近にハーブを保管して、いつでも必要だと思うときに活用します。
　ハーブはエキスのものを活用することもありますが、日本ではハーブエキスの普及は欧米ほど進んでいないので、ハーブティーを身近に置くことで、同じ効果を受けとれるでしょう。
　ここでは、ハーブティーの入れ方の魔法を伝えて、どんなときにどんなハーブを飲むと役に立つかをお伝えします。
　フレッシュハーブでいれるお茶は格別ですが、ドライハーブを使えば、いつでも手軽にハーブティーを楽しめます。

　魔法使いは常に自然界とつながってパワーをもらっているので、自然界への感謝を忘れることはありません。ハーブティーをいれるときには、必ずそのハーブの精霊を呼びます。ハーブティーを飲むときには、こんなふうに、そのハーブティーの精霊を呼んで感謝をします。
　「〇〇（ハーブティーの名前を入れる）の光の精霊を私のもとに招きます。神聖なる私の名において、私は今、あな

たの手助けを必要としています。いまの私に必要な〇〇（ハーブティーがもつ効能を伝える）のパワーを、私に与えてください。私はこの愛の惑星地球に私らしく貢献します。ありがとうございます」

　ハーブティーをいれるお湯をわかしますが、お湯をわかすときも、魔法使いは水への感謝を忘れません。水の精霊を呼んで、これからいただくハーブティーのために、神聖な水をいただくことへの感謝をします。
「水の光の精霊よ、私はあなたの水のパワーとともに、ハーブティーを私のからだに取りこんで、自然界のパワーを受けとって、この愛の惑星地球に貢献します。ありがとうございます」

ハーブティーのいれ方

☆──用意するもの
ドライハーブ　ティースプーン3杯
茶こし付きのティーポット（容量500cc程度）
水　1リットル（ティーカップとティーポットを温める量も含める）
◎ハーブのカラーを楽しむために、透明のティーカップがオススメです。
◎マイティーカップ。魔法使いらしいと思うティーカップを用意しましょう。

Chapter 3
自然界のパワー

▶ STEP
(1) 選んだハーブの精霊を呼んで感謝の言葉を伝える
(2) 水の精霊を呼んで感謝の言葉を伝える
(3) お湯をわかす
(4) ティーポットとティーカップにお湯を入れ2〜3分温めて、ティーポットのお湯を捨てる
(5) ティーポットにハーブを入れる
 ◎入れるときにも、ハーブの精霊に感謝を伝える
 「○○のハーブの精霊よ、私に協力してくれて、ありがとうございます」
(6) ティーポットにお湯を注ぐ。お湯は95度が目安
 ◎お湯を注ぎながら、水の精霊に感謝を伝える
 「水の精霊よ、私に協力してくれて、ありがとうございます」
(7) 3分間蒸らす
 ◎蒸らしているあいだに、そのハーブの効能を自分自身に取りこんで、願いが叶っているイメージをしながら、ハーブの香りを充分楽しむ
(8) カップのお湯を捨て、ハーブティーをカップに注ぐ
 ◎注ぐときは、愛をもって、ハーブティーを注ぐ
(9) ハーブティーの香りを楽しみながら飲む

お茶に合う9つのハーブ

　どんな状況のときに、どんなハーブティーを飲むと魔法が使えるかを伝えていきましょう。数限りない種類のなかから、日常で役に立つハーブティーを紹介します。

ROSEMARY（ローズマリー）＝ 集中力アップ

日常のなかで、頭も心もモヤモヤして、すっきりしないときに、ローズマリーを飲んであげましょう。このハーブは集中力や記憶力をアップしてくれます。なにかすっきりしないというときには、一つのことに集中できないことがありますが、このハーブティーを飲みながら、頭を整理していきましょう。そうして、どうしたらよいかを決めていくようにします。ローズマリーは物事を解決することに集中するのも助けてくれます。ストレスを感じたり落ちこんだときにも、ローズマリーは心を明るくしてくれるでしょう。ローズマリーは、若返りのハーブとしても知られます。新陳代謝をアップする作用もあるので、ダイエットなどにも役に立ってくれます。

LAVENDER（ラベンダー）＝ 癒やし

「ハーブの女王」とも名づけられたラベンダーは、心を優

しく鎮(しず)めてくれます。心もからだもストレスフリーになって、癒やしてあげたいときには、ラベンダーティーがいちばん役に立つでしょう。ラベンダーで緊張をゆるめて、心を落ち着かせてあげましょう。スケジュールがびっしり詰まっている一日のどこかで、一息ついてリラックスするようにしましょう。自然界のパワーを思い出して、優しい気持ちで自分をケアしてあげるのです。切羽(せっぱ)詰まっている気持ちから、いったん自由になるには、ラベンダーティーを味わいながらペースダウンをすることで、心の余裕が出てくるでしょう。

ROSEHIP(ローズヒップ) = 美肌

肌の調子がよくないと感じたときには、ローズヒップティーで肌の調子を整えてあげましょう。デートや大切な食事会などの前日には、とくにオススメです。ローズヒップにはビタミンCが多く含まれ、肌のコラーゲンの生成を補助する役割があります。甘酸っぱい味を楽しみながら、肌が綺麗になった自分を思い浮かべ、香りも一緒に楽しみましょう。またローズヒップティーは便秘解消にも役立ちます。

PEPPERMINT(ペパーミント) = 気力アップ

イライラや無力感、食べすぎを解消してくれるペパーミントティーは、万能薬型のハーブティーです。食べすぎたり飲みすぎたりしたと思ったら、ペパーミントティーを飲む

と、お腹がすっきりして、消化の手助けをしてくれます。日常生活のなかで、ちょっと、やる気をなくしてしまい、無気力になったときも、ペパーミントティーはすっきりと気分転換をすることを手助けしてくれます。すっきりした香りを味わいながら、気持ちを切り替えられるでしょう。

CAMOMILE（カモミール）＝ 眠り

何かに不安になって夜眠れないときには、必ずカモミールティーを飲んであげましょう。優しい香りであなたの気持ちを落ち着かせてくれるでしょう。不安や心配から心を解放してくれます。カモミールの成分には、アビゲニンが含まれていて、胃の粘膜を整える作用があります。不安やストレスからくる過敏性の胃腸炎や胃潰瘍をやわらげて、胃腸を整えてくれるでしょう。

HIBISCUS（ハイビスカス）＝ 元気アップ

疲労を感じたり夏バテ気味になったら、ハイビスカスティーを飲んで、解消してあげましょう。ハイビスカスには、クエン酸やリンゴ酸が豊富に含まれているので、疲れたからだを回復して、癒やしてくれる効果があります。またビタミンCも含まれているので、美肌効果も期待できます。カリウムも含まれているので利尿作用もあります。むくみをとるのにも効果的です。甘酸っぱい味を楽しみながら、真っ赤なハイビスカスティーの色を見るだけでも元気になって

いくでしょう。

GINSENG（ジンセン）＝活力アップ

滋養強壮の王様といわれているジンセン（高麗人蔘<small>こうらいにんじん</small>）のハーブティーは、バイタリティーが欲しいときや、やる気アップをしたいときに役に立つでしょう。細胞や臓器も元気にする作用があるので、からだの健康を維持することに気持ちが向いたときには、ジンセンティーを楽しみましょう。少しクセがあるので、最初は飲みにくいと感じるかもしれませんが、健康なからだがあるからこそ、健全な精神を保っていられます。地に足をつけて物事を決めたいときにはジンセンティーを飲んで、最高の決断をくだしていきましょう。

ELDER FLOWER（エルダーフラワー）＝免疫アップ

体調が崩れがちで、ちょっと風邪気味だと感じたら、エルダーフラワーティーを飲んであげましょう。エルダーフラワーは、魔除けの力があるという伝説がヨーロッパ各地で残っているぐらい、パワフルなハーブです。インフルエンザの予防にもエルダーフラワーティーを使います。冬のインフルエンザが流行っているときは、エルダーフラワーティーを飲んで予防しておきましょう。発汗を促す作用もあるので、デトックスにも利用できます。

MALOWBLUE（マローブルー）＝ 表現力アップ

魔法を代表するような不思議なハーブティーです。3色の色に変化していくハーブティーなので、魔法使いにはとっておきのもの。ブルーからパープル、そして、レモンを加えたらピンクに変化するマローブルーティーは、ビジョンを描いて、想いを表現して、愛をもって行動していくときに最適です。気管支炎や喉の不調にも効きます。何か自分が素直に表現できないときや、誰かに大切なことを伝えたいときに飲んであげましょう。

　魔法使いのティータイムを、この9つの魔法のハーブティーで満喫してあげましょう。
　ハーブティーの色や香りや味を通して、魔法の時間を日々の生活のなかに取りこんでみましょう。
　魔法使いは、何よりも、魔法を信じて、実践する時間を大切にできるから、自分らしい人生をクリエイトしていけるのです。
　魔法使いのティータイムは、自分らしいスペースと時間をつくるためにあるのです。

Chapter 4

真実を見抜く

本質に目を向ける

　魔法使いというものは、どのような状況にいたとしても、その状況の背景にある本質に目を向けることが大切だと感じています。

　世間の常識という一般的には都合のよさそうなことに対しても、本当のところどうなのか？　ということを意識して、常識のなかの真実を理解して活かすこともあれば、その常識とは別の選択肢を選ぶこともあるのです。

　ここでは、見えないものを見る透視術について学んでいただきたいと思います。もし、あなたが透視術を使えたら、どんなことに使ってみたいと思いますか？

　透視を行うにあたって、魔法使いにとっては大切な掟があります。

　それは、誰かを透視するときには必ず、その人の許可を得るということです。

　そして、透視する内容に関しても約束事があります。ギャンブルの結果や誰かの寿命の予告などを魔法使いが透視することはありません。透視する内容は、あくまでも、透視する相手や場所の幸せに貢献することでなければならないのです。

Chapter 4
真実を見抜く

　魔法使いは才能があるから透視できるのではなく、才能を磨くから透視ができるようになるのです。

　誰もが生まれながらにもっている才能の一つは、見えないものを見る力です。

　乳児はお母さんのお腹のなかで、お母さんやお父さんの声だけでなく、感情も感じられるのです。

　幼児の時期にも、目は見えてなくても、見えないものが見えていることが多く、見えない世界とのつながりを感じられる出来事が頻繁に起こっています。

　そして、成長していく過程で、やっていいことや悪いことなどの概念を学ぶなかで、見えない世界とのつながりが薄れていき、知らずしらずに、見えないものを見る力が薄れていきます。3歳ぐらいになると、そのような記憶もなくなり、目の前に起きている、見える世界だけが現実だと思うようになってしまうのです。

　まずは、人はもともと見えないものを見る力が備わっていた、という事実を知っておきましょう。

神聖な運命を開くゲート

　魔法使いは、見えないものを見る力はもともと誰にも備わっていることに同意しています。だからこそ、その力を磨いて、自分や人に貢献することを決めたら、再び透視能力を開花させることができるのです。

　ここで、魔法使いとして生きるなら、透視能力を復活させることを決めておきましょう。それで初めて、ようやく、透視の第一歩が始まります。

　魔法使いは透視術をマスターする前に、人間として生きてきて、学んできたことを、いつでも中庸(ちゅうよう)な状態で見ることをマスターします。

　これを神聖な運命への3つのゲートと呼びます。

　神聖な運命を歩む魔法使いには、透視を純粋に使えるようになる実践が何よりも大切なことだと思っています。

　この3つのゲートをマスターしないまま透視術を学んでしまうと、リスクが生じることもあります。

　エゴの介在する透視であったり、透視術を使う目的を間違えて、誰かをコントロールしたり、誰かを戒(いまし)めたりするために使ってしまうような罠(わな)にはまって、自分もまわりも傷つけてしまう結果になりかねません。

Chapter 4
真実を見抜く

1つめのゲートを開く

　神聖な運命への最初のゲートは、セルフイメージをマスターすることです。

　生まれてから現在に至るまで、人はまわりの人々や環境から数えきれないほどの影響を受けながら、自分という存在が何者であるかについて自覚していきます。

　自分が何者であるか？　についてのセルフイメージは、自分の体験したこと、他人から言われたこと、文化のなかで学んだこと、社会環境から学んだことなどで出来上がります。

　魔法使いは、第一にセルフイメージを鏡に映して、純粋に自分が培(つちか)ってきたありのままのセルフイメージを明らかにしていきます。セルフイメージのなかには、本当の自分とまわりからの期待や断定されたものが含まれています。

　魔法使いは真摯(しんし)に自分と正直に向き合って、ありのままのセルフイメージが何かを発見する勇気をもつことを求められています。

　ありのままでない自分は、次々に手放していくようにします。

　そのために、魔法使いは鏡のなかの自分に対して、心ゆくまで、自問自答して、本当の自分に戻っていきます。

その問いかけの言葉は、「本当の私は〇〇ですか？」。
「〇〇」には、いろいろな言葉を置き換えていき、自分にしっくりくるものを見つけていきます。
　この問いかけを少なくとも11回は行って、自分で答えていきます。
　その時点で、ありのままのセルフイメージが湧かない場合は、さらに11回問いかけていきます。
　鏡を見て、ありのままのセルフイメージをマスターしたならば、鏡のなかのあなたの表情に微笑みが映し出され、眼力がついてくるのです。これがありのままのセルフイメージをマスターした印になります。

Chapter 4
真実を見抜く

感情をマスターするゲート

　感情をマスターする。これが2つめのゲートです。

　魔法使いにはとてつもない生命エネルギーがあり、その生命エネルギーは感情や行動力に現れます。

「嬉しい」「楽しい」「幸せ」「喜び」「情熱」などがそうです。同時に、「怒り」「悲しみ」「恐れ」「嫉妬」「恨み」などのエネルギーも自分のなかに存在しています。

　魔法使いとして、このような多様な感情を感じることがありますが、同時にすべての感情は生命エネルギーであることに気づいています。

　どんな感情が自分のなかで湧き上がってきているかをいつも気づき、感情のバランスをとるために、中庸なエネルギーに戻すことができるように日々実践を重ねています。

　透視術を実践するときには、この中庸なエネルギーの状態で行うことが何よりも大切なことなのです。

　偏った感情に支配されて透視することほど、危険なことはありません。その透視の信憑性をなくしたり、透視を通して、誰かを傷つけるような行為になってしまう恐れがあるからです。

　魔法使いの信条を大切にして、自然界と宇宙の応援を受けとって、純粋に透視術を開花させる大切なポイントがこ

こにあります。自分の感情をマスターすることは、魔法使いにとっては、トップ5に入る大切なことなのです。

感情をマスターするためには、中庸である自分軸を育てていくことが鍵となります。

そのために使える大切な魔法があるのです。

自分と他人との境界線をクリアに保つことです。

それは、自分が味わった感情は自分のものであり、相手のものではないので、自分の感情に責任をもってクリアにしておくということなのです。

また、同時に、相手の感情は相手のものであり、あなたの感情ではないということも同じように理解しています。

人が体験する出来事には、あらゆる解釈ができます。

人それぞれの価値観や信念によって、解釈が変わってきます。

解釈や感じ方の違いに直面すると、さまざまな感情が自然に湧き上がってきます。

ですが、どんな感情に対しても善悪で判断せずに、中庸を保って、境界線をクリアに保つことが、魔法使いにとっての相手や環境への貢献となります。

自分の感情のボタンを押してくれる相手がまわりにきっといるかと思います。

たとえば、幸せのボタンを押してくれる友人であったり、怒りのボタンを押してくれるパートナーであったり、嫉妬のボタンを押してくれる親友であったり、恐れのボタンを

Chapter 4
真実を見抜く

押してくれる父親であったり、まわりにはその役割を演じてくれる人がいます。

このように感情のボタンを押されたときには、相手と自分のあいだに、透明の光の玉をイメージします。そのなかに、あなたが感じた感情を注いでいきます。

相手に自分の感情をぶつけることなく、自分もその感情に溺れてしまうことなく、ひたすら、透明の光の玉に感情を注いでください。

透明の光の玉には、その感情が詰まっていき、色のついた光の玉になるかもしれません。

いずれにしろ、あなたの感情はいったんこのように透明の光の玉のなかに吐き出してしまいます。そして、この色のついた光の玉を清めて、あなたの純粋な生命エネルギーを取り戻します。

自然界の恵みのなかには、たくさんの癒やしを与えてくれる存在たちがいます。

この感情のエネルギーを浄化してくれる存在のなかでも、「物事を水に流す」ということわざがあるぐらい、「水」は役に立ってくれます。

「水の精霊」を呼んで、目の前にある感情がこめられた光の玉を純粋なエネルギーに変容してもらいます。

こんなふうに心でつぶやきます。

「神聖なる私の名のもとに、水の精霊よ、私が味わった感

情を光の玉に注ぎました。どうか、その感情を浄化して、私のもとに純粋な生命エネルギーを戻してください。そうなりました！　ありがとうございます」

　この言葉をつぶやいて、3秒以内には、頭頂にあるエネルギーセンターのクラウンチャクラから純粋な生命エネルギーが戻されます。

　チャクラとは、すべての生命体に存在するエネルギーセンターのことで、人体でいうと「リンパ節」や「ツボ」、「経絡(けいらく)」といった主要な器官が集中している場所をさします。

　チャクラの状態が健全に保たれていると、生命は本来の力を発揮しやすくなります。

　さらに、それぞれのチャクラがうまく連携されていると、その相乗効果で飛躍的に活発に、高いエネルギーで活動ができるのです。

　一般にチャクラは、尾てい骨のあたりの「第1チャクラ」から頭頂の「第7チャクラ」までの7つがあるといわれて（99ページ参照）、クラウンチャクラは第7チャクラになります。

　そのクラウンチャクラを意識しながら、普段より深い呼吸をして、確認をしながら、中庸な自分を感じてみましょう。

　もちろん、相手が感情をぶつけてくることもあります。

Chapter 4
真実を見抜く

 相手が怒り、嫉妬、不満、不信、悲しみ、恐れなどの感情をぶつけてきたときに、あなたが境界線をクリアに保ちながら、相手に共感できる方法があります。

 魔法使いは、「相手の感情と自分の感情は違うのだ」と、まずは認識しています。

 だから、自分も相手と一緒になって、感情のエスカレーターを上がる必要はありません。

 大切なことは、そのときに自分が感じている感情とつながっていることで、自分に意識を向けることです。相手の感情に意識を向けるのではなく、事柄に意識を向けることを通して、相手がどのポイントで感情的になったかに気づくことです。

 そして、相手から伝わってくる感情の波は、目の前に透明の左まわりの渦をイメージしながら、相手の感情が自分に向かっているのではなく、その透明の渦のなかに吸いこまれていくことをイメージします。

 相手が感情的になったからといって、黙って受けいれるのではなく、相手の感情が透明の渦のなかに解放されていくのをイメージしながら、相手とその場にいることを選びます。

 大切なことは、目の前にいる相手と最終的には、どうしたいかを決めることなのです。

それが、仕事の相手であれば、今後一緒に仕事をしていきたいのか？　そうであれば、何を解決したいか？　を感情を解放したあとに、話し合うことです。

　感情のゲートをマスターすることで、魔法使いは透視術を中庸な自分軸をもって、活用できるようになるのです。

Chapter 4
真実を見抜く

思考をマスターするゲート

　思考をマスターする。これが3つめのゲートです。

　人生で体験したすべては、思考により現実化されているとよくいわれています。

　思考により現実が生まれていくとしたら、どんな概念、観念、価値観が思考のなかにあるかを見極めて、思考をマスターしていきます。

　透視術の最大の目的は、この人生で何を現実化していくかです。

　透視術を使って、自分の思考を超えたところの情報を受けとることで、気づかなかった可能性が発見できます。

　魔法使いが思考をマスターすることで、自分の枠組みを超えたところから知恵を授かることも、透視術では可能になっていきます。

　だからこそ、魔法使いは思考でがんじがらめになっている「概念」「観念」「価値観」がどんなものであるかを明らかにして、思考を超越することに取り組む必要があります。

　魔法使いが思考をマスターするために、心がけていることがあります。

　自分の行動の原動力となっている価値観は何であるかを

発見することです。

　そして、いつでも、自分の思考が絶対的なものではないことを意識しながら、まわりとかかわり、まわりの行動の背景にある価値観や観念を発見することを楽しんでいます。

　思考をマスターするためには、自分の意識のなかに「メタセルフ」を育てることで、大切な観察者が自分のなかに育っていきます。

　メタセルフというのは、メタは超越したという意味で、セルフは自分という意味です。

　メタセルフとは、自分の思考にとらわれずに、無判断と無条件でいられる自分の意識です。メタセルフを育てることで、常に自分にも相手にも無判断、無条件の状態を選択していられるようになります。そうすることで、自分の価値観や観念にとらわれて、物事に対して、こうでなければならないという呪縛から解放された思考でいられるようになります。

　透視術を活用するなかでも、自分の固定概念が邪魔をしてしまい、新しい情報が自分に降りてきても、自分の思考が「そんなことはありえない」「現実的ではないから無理だ」などと思って、純粋に来た情報を降ろすことを阻んでしまう可能性があります。だからこそ、思考をマスターして、メタセルフを育てることをオススメしているのです。

愛読者カード

ご購読ありがとうございます。今後の出版企画の参考とさせていただきますので、アンケートにご協力をお願いいたします(きずな出版サイトでも受付中です)。

[1] ご購入いただいた本のタイトル

[2] この本をどこでお知りになりましたか?
　1. 書店の店頭　　2. 紹介記事(媒体名：　　　　　　　　　　　　　)
　3. 広告(新聞／雑誌／インターネット：媒体名　　　　　　　　　　　)
　4. 友人・知人からの勧め　　5. その他(　　　　　　　　　　　　　)

[3] どちらの書店でお買い求めいただきましたか?

[4] ご購入いただいた動機をお聞かせください。
　1. 著者が好きだから　　2. タイトルに惹かれたから
　3. 装丁がよかったから　　4. 興味のある内容だから
　5. 友人・知人に勧められたから
　6. 広告を見て気になったから
　　(新聞／雑誌／インターネット：媒体名　　　　　　　　　　　　　)

[5] 最近、読んでおもしろかった本をお聞かせください。

[6] 今後、読んでみたい本の著者やテーマがあればお聞かせください。

[7] 本書をお読みになったご意見、ご感想をお聞かせください。
(お寄せいただいたご感想は、新聞広告や紹介記事等で使わせていただく場合がございます)

ご協力ありがとうございました。

きずな出版　　URL http://www.kizuna-pub.jp　　E-mail 39@kizuna-pub.jp

郵便はがき

162-0816

東京都新宿区白銀町1番13号

きずな出版 編集部 行

| 恐れ入ります切手をお貼りください |

フリガナ

お名前　　　　　　　　　　　　　　　男性／女性
　　　　　　　　　　　　　　　　　　未婚／既婚

(〒　　-　　　)
ご住所

ご職業

年齢　　　10代　20代　30代　40代　50代　60代　70代〜

E-mail

※きずな出版からのお知らせをご希望の方は是非ご記入ください。

きずな出版の書籍がお得に読める！　　読者のみなさまとつながりたい！
うれしい特典いろいろ　　　　　　　　読者会「きずな倶楽部」会員募集中
読者会「きずな倶楽部」　　　　　きずな倶楽部　検索

Chapter 4
真実を見抜く

　メタセルフを育てるには、自分の右肩か左肩に意識をしてください。そこに、たとえば小さいおじさんであったり、自分のミニチュアであったりという存在が乗っているとイメージしてみます。そのメタセルフはいつも無判断、無条件の状態で、自分もまわりも観察しているという役割を意識します。

　メタセルフに名前をつけ、人格化すると育ちやすいので、名前をつけてあげます。

　たとえば、「メタちゃん」と名づけます。

「メタちゃん」を育てるには、毎日、無判断、無条件でいる状態で、まずは、自分を観察していきます。

　朝、目覚めたときに、「メタちゃん」に声をかけてみます。

「おはよう！　今日の私には何が起きているのかな？」と聴いてみます。

　顕在意識の自分は、「憂うつだから仕事を休みたいな」と感じていたとしたら、そんなふうに感じる自分をダメだと思って、イヤな自分や無力な自分を味わうかもしれません。

「メタちゃん」に同じ現状を聴いてみると、ただ、「今日は憂うつと感じていて、仕事を休みたい、みたいです。以上」というふうに、個人的な感情や判断を入れないで、自分を見るのです。

同じように、相手に対しても、ただ、ニュートラルに観察しているだけで、相手に対しても善悪の判断をすることなく、ただ、その現状を俯瞰(ふかん)して、無判断でいられるのが、「メタちゃん」の役割なのです。

　思考をマスターすることは、魔法使いが透視術を活用するときに、顕在意識だけでは読みとれない情報をニュートラルになって受けとるには欠かせないことなのです。

Chapter 4
真実を見抜く

誰でもできる透視の方法

透視術に含んでおきたいノウハウがあります。

それは、「直感力」「インスピレーション」「第六感」「超聴覚」「肉体感覚」などで、透視術には大切な感性なのです。

透視することとは、顕在意識では見えたり、聞こえたり、感じたりしない情報にアクセスすることです。

その情報は、まずは周波数で感じとります。その周波数がビジュアルで見えたり、囁き程度の音や言葉が超聴覚で感じられたり、肉体感覚、第六感、直感で言語化できたりするようになります。

最大限に活用できる感性を使って、情報を受けとることを意図しておきましょう。

透視術をマスターするためには、「奇跡を起こす魔法の5ヶ条」を守ることが絶対条件です（8ページを参照）。

5ヶ条を守って透視をすることで、自信をもって情報を伝えたり、使うことができるからです。

そして、受けとった情報を着実に行動に移すことで、結果が自然に生まれます。

透視する5つのステップ

シンプルにできる透視術を紹介していきましょう。

この透視術には、5つのステップがあります。このステップにしたがって、21日間実践することで、透視力が深まっていきます。

ステップ1　純粋な空間をつくる

純粋な空間をつくるために、宇宙の愛のエネルギーで空間を満たす。

「神聖な私の名において、この空間を宇宙の愛で満たしてください」

宇宙の愛のエネルギーをピンクゴールドやピンク紫とゴールドの色でイメージして、その色で部屋中を満たす。

ステップ2　純粋な自分の意識状態になる

空間が純化されたら、自分も純粋な意識になって、中庸な自分軸をキープした状態になる。

「神聖な私の名において、私は今、宇宙と大地につながって、神聖な自分を活かします。そうなりました」

Chapter 4
真実を見抜く

　純粋な意識の状態になったら、透視をする目的を明らかにする。

「神聖な私の名において、今日は、〇〇さんの△△（目的）のために、宇宙と自然界との共同創造の道具となって、私の透視能力を発揮して、貢献することを誓います」

　宇宙と大地につながったイメージを大切にして、宇宙の愛であなたを包みこみます。ピンクゴールドやピンク紫とゴールドの色の光の玉のなかに自分を入れます。大地とつながっているイメージは、自分の足が大木の根っことつながって、大地の生命エネルギーを受けとっているようにします。
　自然界のなかにいて、自然と深くつながっているイメージをします。
　たとえば、森のなかや草原や滝などをイメージしてみましょう。

ステップ3　「魔法の透視術」をスタートさせる

● 魔法の透視術1　「山を使う」
　目を閉じて、眉間（みけん）の中心に山をイメージする。
　京都の大文字焼きのように、その山から文字が浮かんでくるのをイメージする。その文字をメモに書いておく。

1文字ずつ出てくる場合もある。文字が現れてきたものを、次々に書いてみる。

● **魔法の透視術2　「水を使う」**
　目を閉じて、眉間の中心に円形の湖をイメージする。湖の底から紙に描かれた絵か文字が浮かび上がってくる。
　その情報を言葉で表現してみる。
　1枚だけで情報が不十分と感じたら、2枚目の絵か文字が湖の底から浮かび上がってくるように要請する。浮かび上がった内容を言葉にする。

● **魔法の透視術3　「洞窟を使う」**
　目を閉じて、胸の中心に意識を集中する。
　胸の中心から道が伸びているのをイメージして、森のなかの洞窟へつながっていくことを想像する。
　洞窟にたどり着いたら、そのなかに入っていく。そこには、壁画が描かれていたり、長老のような賢者がいたり、洞窟のなかの空気感が語りかけてくる。そこで見たもの、聞こえてきたもの、からだ感覚や直感で感じたことを言葉にしてみる。

● **魔法の透視術4　「魔法のほうきを使う」**
　目を閉じて、お腹に意識を集中する。
　魔法のほうきをイメージして、そのほうきにまたいで、

Chapter 4
真実を見抜く

乗っているイメージをする。
　魔法のほうきに乗っている感じをイメージする。魔法のほうきに乗って、必要な情報を受けとれる場所へと連れていってもらう。

　たどり着く場所は、神殿であったり、自然のなかであったり、宇宙の果てかもしれません。どこにたどり着いたとしても、受けとる情報がそこにあります。
　そこには、ガンダルフのような白髪の魔法使いがいるかもしれません。もしかしたら、神々しい女神のような存在がいるかもしれません。
　漫画のキャラクターのようなユーモアのある存在がいるかもしれません。あるいは、ただ光の玉がキラキラ輝いているだけかもしれません。見えたもの、聞こえたもの、感じたものを言葉で表してみます。

● **魔法の透視術5　「光の玉を使う」**
　目を閉じて、頭頂に意識を集中する。
　宇宙から大切な情報を運んでくれる光の玉が頭頂に降りてくる。その光の玉には、今日受けとる必要な情報が満ちていて、その光の玉が頭頂に降りてくる。頭頂に降りてきたら、自然にその光の玉が弾けてキラキラの光になって散らばり、全身に注がれる。
　全身に注がれた光は、言葉になったり、イメージとなった

り、身体感覚で感じたり、第六感で表現される。受けとった言葉やイメージをメモに書いたり、声に出したりしてみる。

ステップ4　透視した情報を腑に落とす

　魔法使いは自分や相手のために受けとった情報を、純粋な心の目で確かめるようにしている。透視術で受けとった情報が純粋なものとして感じるときは、心が澄みきった状態になり、からだの緊張もない状態になる。何の不安も恐れもない状態で、行動に移すことができる。

　相手のために受けとった情報も同じように、自分と相手の気持ちもからだもすっきり軽やかになっていて、実際に行動に移しているイメージが鮮明にできるかどうかでわかる。そして、純粋に相手も行動に移すことにコミット（決意）ができるようになる。

　透視術で受けとった情報を腑に落とすために、問いかける。

　この情報は私（相手）を幸せに導いているか？
　この情報は私（相手）に原動力を与えているか？
　この情報は具体的になるイメージが湧くか？
　この情報に沿って行動を起こして、継続する価値を感じるか？

Chapter 4
真実を見抜く

　この情報を受けとったとき、心がオープンになってリラックスできるか？

ステップ5　感謝で終了する

　透視の魔法は、宇宙も自然界も神聖な自分も介在して行っているので、透視を終了するときは、宇宙と自然界に、そして自分にも相手にも感謝をして、終了する。
　感謝とともに、太陽のゴールドの光のシャワーを浴びて、透視した情報が必要なタイミングで実現することを信じて、日常に戻る。胸の前で合掌して、終える。

　この5つのステップを実践しながら、自分にマッチングした透視の魔法を日常のなかで役に立ててみましょう。
　魔法使いの喜びは、日常のなかで魔法が活かされることであり、希望を抱いて、魔法が実現される兆しを目撃することなのです。

透視術で問題を解決する

　魔法使いが透視術を頻繁に使えるようになると、どんどんと自分だけでなく、まわりに貢献したくなるのも自然の流れです。まわりに役に立つために、透視術を使って、問題解決をすることが楽しみにもなるのは当然のことなのです。

　見えないものが見える力は、あるときは、大いに人の役に立つのですが、同時に人に迷惑になることもあるのです。

　見えないものが見えるともっと見えるようになりたいとか、もしかしたら誰よりも優越感を感じてしまうこともあるかもしれません。このような気持ちになったときは、警告だと思うようにしましょう。

　なぜかというと、魔法使いは個人的な優越感に浸ったり劣等感などを埋めて自分の存在価値を高めるために透視術を使うことはありません。

　もし警告を忘れて、優越感に浸ったり、劣等感、無価値観の穴埋めのために透視術を使うのであれば、宇宙と自然界とのつながりが充分に得られない状態のなかで透視術を使うことになってしまいます。

　透視する情報は、常に純粋な宇宙と自然界のなかから受

Chapter 4
真実を見抜く

けとるものであるはずです。

けれども、優越感や劣等感は無価値観という周波数でそれを受けとると、情報を歪(ゆが)めてしまう可能性が高くなります。

そうなると、純粋な情報ではなく、相手や自分をその場で喜ばせたり、悲しませたりするような情報になってしまうかもしれません。

透視術で見えないものが見えるようになったときに、大切にしなくてはならない宇宙の法則があります。それを「波動の法則」といいます。

自分のもとに引き寄せる情報は、愛と信頼の周波数であるかどうかが重要です。

自分自身もまわりも神聖な存在として、尊厳を守り、尊重して透視術を活用することで、「波動の法則」が働きます。

この法則によって、自分はまわりが神聖であることを受けいれて、透視術を使ったら、神聖な情報が引き寄せられてきます。

しかし、自分もまわりに対しても、操作したり、期待したりする思い入れなどで透視すれば、限られた枠のなかで情報を読みとることになります。それは最終的には、純粋な情報でない可能性があるのです。

魔法使いとして、純粋に透視術を活用するために、意図

することが重要です。
　自分にも相手にとっても必ず最高最善を導く情報を受けとることです。

　すべての存在の神聖さを真に大切だと思えるか？
　そこに信頼があると、見えないものを見るときにも、本質的な情報が宇宙と自然界と神聖な存在である自分からも明らかにされていくでしょう。

Chapter 5

クリスタルの パワー

母なるガイアからの恵み

　大地のことを魔法使いは、母なるガイアと呼んでいます。
　ガイアとは地球のことを意味しています。母なるガイアはたくさんの贈り物を人類に与えてくれています。衣・食・住に必要なすべてが母なるガイアからの恵みです。
　魔法使いは、この衣・食・住を通して、母なるガイアからの贈り物が与えられていることに畏敬の念をもって、ガイアとの共同創造を限りなく楽しみます。
　その一つの贈り物が鉱物のクリスタルなのです。
　母なるガイアに感謝するとともに、ガイアの生命エネルギーを受けとりながら、クリスタルの魔法を実践していきましょう。

　ガイアは鉱物界を生み出したときから、結晶のように輝くクリスタルも育て上げてきました。それ自体がガイアの魔法といっていいぐらいなのです。
　まるで、生きとし生けるものの本質の輝きをガイアはクリスタルの輝きや色や形を通して、教えようとしているかのように思えてなりません。
　クリスタルには、その透明さや魅力を見るだけでも、自分自身の神聖さを思い出させてくれる力があります。

Chapter 5
クリスタルのパワー

　クリスタルの魔法は、古代レムリア時代からスタートしていました。

　鉱物の種類は、地球には4000種類以上あるといわれています。そのなかでも神聖なパワーを放（はな）っている鉱物をパワーストーンやクリスタルと呼んでいます。

　クリスタルの種類は、約300から400あります。

　すべての創造物は波動で表されています。

　波動は、その存在やモノが醸（かも）し出す周波数です。ラジオのチャンネルがそれぞれのヘルツでそれぞれの番組を聴けるように、波動もまたそれぞれにユニークな特徴を表しています。

　クリスタルにも、それぞれの種類で波動が違います。

　クリスタルに秘められているパワーは、もっている波動によって違います。

　その波動はクリスタルの色でも表され、どんなことに働きかけるかがわかります。

　たとえば、赤い色のクリスタルの波動には、生命力をアップする力があります。

　緑色のクリスタルには、心の傷を癒やす力や心をオープンにする力があります。

　人にはそれぞれ人格があり、役割があるように、一つひとつのクリスタルには秘められたパワーや役割があるのです。

人生を変容させる

　クリスタルには、人を癒やす力、決断させる力、本質を発揮させる力、可能性を引き出す力、透視能力を高める力、幸運を引き寄せる力、金運を引き寄せる力、具現化する力などが備わっています。

　古代エジプトやギリシャ時代にも、クリスタルがもつパワーを信じていたファラオ（王様）や神官たちの装飾品には、クリスタルを埋め込んだ金のネックレスやブレスレットなどがありました。
　クリスタルをもつことで自分の地位や富や永遠の命や美のパワーを保てると信じられていたのです。

　古代レムリアやアトランティス時代には、クリスタルの波動を活用するためのクリスタルでつくられた神殿が建てられていました。その神殿のなかでは、ビジョンを受けとる儀式や魂の進化を促す儀式などの魔法が使われていました。
　彼らはまた、クリスタルの神殿だけではなく、クリスタルにさまざまなパワーを封じこめる魔法も使っていました。
　たとえば、宇宙の愛や創造のエネルギーをクリスタルに

Chapter 5
クリスタルのパワー

封じこめて、魔法使いは願いを叶えるために、そのエネルギーを使っていました。

いまも魔法使いは、クリスタルをあらゆる状況で活用しています。魔法使いにとって、クリスタルは必需品として扱われています。

クリスタルのもつパワーを自由自在に活用するには、クリスタルと信頼関係を結ぶ必要があります。

クリスタルは、クリスタルをもつ相手との相性で発揮される力も変わってきます。だからこそ、魔法使いはクリスタルの最大限の力を借りて魔法を使うために、クリスタルと深くつながる方法を学びます。

クリスタルのパワーを活かすために、3つ大切な魔法を使う必要があります。

この魔法をマスターすることで、クリスタルのもつパワーを引き出して、人生をより豊かに変容することができるようになります。

クリスタルは、そのパワーを活用できる相手を選ぶともいわれています。

要するにクリスタルと魔法使いが相乗効果を発揮できるかどうかは、魔法使いだけが決めるのではなく、魔法使いが選んだクリスタルにも選ぶ権利があるというわけです。

見方を変えれば、いくらこちらがクリスタルを気に入ったからといって、そのクリスタルが必ずしもそれに応えて

くれるわけではないということです。

　それはまるで、恋愛関係みたいなものです。相性やかかわり方でクリスタルが果たしてくれる役割は違ってくるのです。

　クリスタルを扱う3つの魔法をマスターすることで、よりクリスタルと深くつながって、相乗効果を発揮できるように準備を整えていきましょう。

　1つめの魔法は、クリスタルにはクリスタルの精霊が宿っていますから、意識ある存在として扱うことです。クリスタルは人間のように言葉をもっていませんが、意識があります。クリスタルの意識に深く敬意を表して、つながる許可をもらうことをマスターしていきます。

　そのためには、まずはクリスタルの精霊に呼びかけます。「神聖な〇〇（クリスタルの名前）の精霊に願います。神聖なる私の名において、私があなたとつながり、共同創造をすることを願います。どうか私とつながって、交流する許可を与えてください」と呼びかけて、そのクリスタルの精霊との交流を始めます。

　左手にクリスタルをもって、そのクリスタルのもつ波動を手で感じてみます。

　そして、あなたが感じていることや願っていることなどを自由に話しながら、そのクリスタルがどのように反応するかを感じてみます。

Chapter 5
クリスタルのパワー

　ここでも透視術を使いながら、クリスタルと交流することも試してみましょう。

　2つめの魔法は、意識ある存在のクリスタルを大切に扱うことです。

　大切に扱う一つの方法として、クリスタルを定期的に浄化してあげることです。クリスタルの成分によって、何を使って浄化するかは変わってきます。

　セージを焚（た）いて、その煙で浄化できるクリスタルもあれば、土や塩に埋めて元気になるクリスタル、クリアクォーツのクラスター（群れになっている水晶）の上において浄化できるクリスタルもあります。

　湧き水などで浄化できるクリスタルや、太陽や月の光で浄化できるクリスタルなどもあります。

　どのクリスタルを、どんなふうに浄化してケアするかも学んでいきましょう。

　この時点では、どのクリスタルも浄化してくれるクリアクォーツのクラスターとセレナイトを使うことを覚えておきましょう。セレナイトは、もともとは石膏（せっこう）（ジプサム）の一種で、強力な浄化作用と癒やしの効果をもつ石とされています。

　浄化したいクリスタルを、どちらかのクリスタルの上に一日中置いておきましょう。

　浄化したクリスタルが綺麗に輝いていたり、元気を取り

戻しているように見えたら浄化が終わっているとわかります。

　3つめの魔法は、クリスタルを何のために使うかをはっきりとクリスタルに伝えることです。
　クリスタルには大きく分けて3つの使い方があります。
（1）癒やしを目的とするために使う
（2）それをもつ人の可能性を引き出すために使う
（3）空間をパワフルな聖域にするために使う
　どのクリスタルを何の目的をもって使っていくかで、結果も変わってくるのです。
　クリスタルを選ぶときには、直感を使って、クリスタルの波動を感じながら、自分と相性がいいと感じることが最善の方法です。
　クリスタルに目的を伝えるときは、一度は浄化してから、クリスタルを右手でもって、胸の中心に置き、何の目的でクリスタルとかかわるかを伝えます。
　クリスタルが胸の中心と手を通して、その目的を受けいれているかどうかを感じます。
　深呼吸を3回しながら、クリスタルがその目的を一緒に実現するサインを送ってくれていることを感じてみましょう。そして、クリスタルとのご縁をもらえたことに感謝し、そのクリスタルと毎日交流するように心がけます。

Chapter 5
クリスタルのパワー

　毎朝、クリスタルに挨拶をすることからスタートします。クリスタルを持ち歩いて、目的を実現することを意識することに活用します。
　夜、寝る前には、クリスタルをベッドの横において、クリスタルに一日の終わりで、目的に近づいている兆しを伝えます。
　クリスタルに触れたり、胸の上に置いたりして、クリスタルとのつながりを深めて、眠りにつきます。1つのクリスタルは、21日間、1つの目的のために使うことが目安になりますが、長期的な目的のために手に入れたクリスタルは、その期間ずっと持ち歩くことをすすめます。

　クリスタルには寿命があることもあります。
　役割を終えたクリスタルは、そのパワーを発揮することができなくなることもありますので、その場合は、感謝を添えて、土に埋めるか、川に流して自然に還すことがクリスタルにとっての最善です。

　この3つの魔法は、人生の目的や願いを叶えていくことへ貢献してくれます。
　クリスタルは魔法使いの家族みたいな存在ですから、一度仲良くなってしまうと、クリスタルのない生活などはありえないぐらい、大切な宝物になるでしょう。

魔法の杖の使い方

　魔法使いの道具で忘れてはならないのが、魔法の杖です。
　魔法の杖なしでは、魔法使いを語れないほど、いくつもの種類の魔法の杖が存在しています。

　元祖魔法使いの杖はとてもシンプルにできていました。
　植物界の恵みの1つから魔法の杖をつくったのです。
　樹木の枝を使って魔法の杖をつくるのが、魔法の杖のオリジナルです。
　樹木といっても種類がたくさんありますが、オーク（樫の木）やヘーゼル（榛の木）が伝統的な魔法の杖に使われています。
　いまでは、クリスタルや金や銀もつけたゴージャスな魔法の杖も、目的に応じて使うことができます。

　魔法には地球の5大元素である、水、火、地、空気、愛が使われます。
　愛はスピリット（霊）に宿っているので、時にはスピリットとして、5大元素のなかに取りこまれています。このすべての元素を通して、魔法が実現していきます。
　魔法の杖は、この元素を呼び覚まして、エネルギーを使っ

Chapter 5
クリスタルのパワー

て目的を実現します。癒やしを行うために使ったり、空間を聖域にしたり、空間や自分を保護したり、宇宙の叡智(えいち)や愛を引き寄せたり、願いを叶えるために使います。

　魔法の杖を正しく使うために、まずは、地球の5元素を呼び覚ます魔法を覚えておきましょう。
　魔法の杖を大地に向けて、5大元素を象徴しているシンボルを描きます。
　このシンボルは五芒星(ごぼうせい)(☆)です。魔法を使うときに描く方向と、魔法を終えるときに描く方向は逆になります。描く方向を間違えないようにしましょう。
　いったん、魔法の杖で魔法をスタートする五芒星を描いたら、その場は聖域となります。そこは、保護された安全な空間として使われることを約束されます。

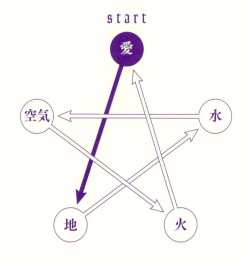

● 魔法をスタートさせるときの五芒星の描き方

1. 魔法の杖を大地に向ける
2. 自分の前に五芒星の頂点を置き、五芒星の頂点から左下の角へとラインを描く
3. 左下から右上に向かってラインを描く
4. 右から左に向かって水平にラインを描く
5. 左から右下にラインを描く
6. 右下から頂点にラインを描いて五芒星を完成する
7. 完成した五芒星の中心に入る

Chapter 5
クリスタルのパワー

癒やしの魔法

　癒やしの魔法は、「セレナイトワンド(セレナイトでつくられた杖)」を使います。
　まず、セレナイトの精霊を呼びましょう。

「神聖なセレナイトの精霊に願います。
　神聖なる私の名において、あなたにつながり、共同創造をすることを願います。どうか私とつながって、交流する許可を与えてください」

　自分のオーラにセレナイトワンドをかざして、セレナイトのエネルギーでオーラを満たして浄化してもらいます。
　オーラの浄化が終わったら、頭頂のクラウンチャクラ(第7チャクラ)にかざして、セレナイトワンドを上から見て、時計まわりに回転させます。充分にセレナイトのエネルギーが満ちたと感じたら、反時計まわりにまわして、不要なエネルギーを取り除いてもらいます。

　次は眉間にある「第三の目」といわれるブラウチャクラ(第6チャクラ)にかざして、自分から見て反時計まわりに回転させて、セレナイトのエネルギーを満たします。充分

満ちたと感じたら、時計まわりに回転させて、不要なエネルギーを取り除いてもらいます。
　順に、喉(のど)にあるスロートチャクラ（第5チャクラ）→胸の中央にあるハートチャクラ（第4チャクラ）→太陽神経叢(そう)（みぞおち）にあるソーラープレクサスチャクラ（第3チャクラ）→仙骨(せんこつ)（おへその下）にあるセイクラルチャクラ（第2チャクラ）までは、同じ方法で行います。

　尾てい骨にあるルートチャクラ（第1チャクラ）では、セレナイトワンドを尾てい骨に向かって、時計まわりにセレナイトのエネルギーを満たします。充分満ちたと感じたら、反時計まわりで回転させながら、不要なエネルギーを取り除いてもらいます。

　不要なエネルギーというのは、自分以外のエネルギーのことです。
　たとえば、人の感情や想いを引き受けると、チャクラに残ったままになります。それを取り除くことで、純粋なエネルギーに戻っていきます。不要なエネルギーをそのままにしておくと、自分の気持ちや考えがわからなくなり、気分がすっきりしなかったり、考えがあいまいになったりします。

Chapter 5
クリスタルのパワー

● 7つのチャクラ

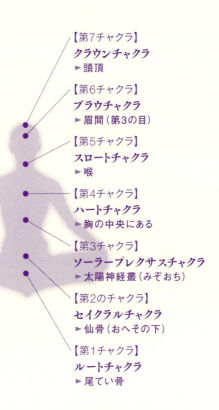

【第7チャクラ】
クラウンチャクラ
▶頭頂

【第6チャクラ】
ブラウチャクラ
▶眉間（第3の目）

【第5チャクラ】
スロートチャクラ
▶喉

【第4チャクラ】
ハートチャクラ
▶胸の中央にある

【第3チャクラ】
ソーラープレクサスチャクラ
▶太陽神経叢（みぞおち）

【第2のチャクラ】
セイクラルチャクラ
▶仙骨（おへその下）

【第1チャクラ】
ルートチャクラ
▶尾てい骨

空間を聖域にする魔法

　魔法の杖を使って、自分を中心に描いた五芒星を東西南北に描き、天に向かっても描きます。
　描きながら各方位に向けて呪文を3回ずつ唱えます。

「神聖なる私の名において、宇宙の真理の名において、今ここに〇〇の聖域をもたらします。そうなりました。ありがとうございます」

　空間にどんな聖域をつくりたいかで言葉を変えます。
　たとえば、愛と平和の聖域、調和の聖域、真実の聖域、進化の聖域、創造の聖域、無限の可能性の聖域など。その空間で何をするかによって、呪文の〇〇に入れていきます。

Chapter 5
クリスタルのパワー

願いを叶える魔法

　手を伸ばして、魔法の杖を天に向かって宇宙とつながります。
　夢を叶える呪文を唱えます。

「神聖なる私の名において、宇宙と大地とつながって私は〇〇を実現します。それが私にとっても、すべてのかかわる人にとっても、地球にとっても最善であることを願います。そうなりました！　ありがとうございます」

　呪文は3回繰り返します。
　呪文を唱えたら、魔法の杖の先から宇宙のエネルギーを取りこむために、反時計まわりにまわしながら、魔法の杖を大地に向けていきます。宇宙のエネルギーと大地をつなげます。

「神聖なる私の名において、宇宙の愛と創造のエネルギーを受けとって、親愛なるガイアと一つになって、私の〇〇を実現して、この惑星に貢献します。どうか、私の〇〇を実現する手助けを願います。そうなりました！　ありがとうございます」

この呪文も3回繰り返します。
　沈黙のなかで、宇宙とガイアの応援を受けとって、願いが叶ったイメージや気持ちを味わいます。全身でそうなった感覚を味わって、その感覚を自分の細胞に届けます。願いが叶ったとイメージが確実に湧き上がるまで体感しつづけます。

　これで、魔法の杖を使う魔法の基礎をマスターできるようになりました。魔法の杖は、シルクやベルベットなどの袋をつくって保護することをオススメします。
　魔法の杖は、あなたが使えば使うほど、パワーアップしていきますので、バッグのなかに入れて持ち歩くだけでも、あなたを守ってくれるでしょう。
　毎日使わない場合は、部屋のなかに聖域をつくって、保管しておくといいでしょう。

Chapter 5
クリスタルのパワー

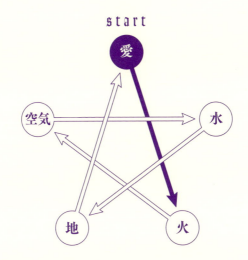

◉ 魔法を終了させるときの五芒星の消し方

① 五芒星の中心から出る
② 魔法の杖を大地に向ける
③ 五芒星の頂点から右下に向けてなぞる
④ 右下から左肩方向になぞる
⑤ 左肩から水平に右肩になぞる
⑥ 右肩から左下になぞる
⑦ 最後に、左下から頂点になぞって終了する

クリスタルを身につける

　魔法使いはいつもクリスタルのアクセサリーを身につけて、厄除(やくよ)けに使ったり、自分の美しさや可能性を開いたり、幸運を引き寄せることを楽しんでいます。

　クリスタルのアクセサリーを自分のために選んであげて、本当に望んでいるライフスタイルを実現するサポートを受けとりましょう。

　クリスタルアクセサリーを選ぶときに大切にすることがあります。それはあなたがそのクリスタルに触れたときに、気持ちが明るくなって、軽やかにいられるかです。あなたの波動がクリスタルによって、上げられているかどうかを見極める必要があります。

　クリスタルのお店に行けば、それぞれのクリスタルの効能が書かれた情報もあります。

　その効能を基準に選ぶことができますが、それ以上に大切なことは、あなたの直感が教えてくれます。効能を見て選ぶ前に、クリスタルアクセサリーの色や形を見て、身につけてみて感じる感覚を信頼して、選ぶことをすすめます。

　魔法使いは自分の感性を磨きつづけて、何を決めるにしてもその感性を信頼することができるのです。

テーマ別にクリスタルを選ぶ

　どんなクリスタルをアクセサリーにしたらよいか、テーマ別に理解していきましょう。
　クリスタルアクセサリーは、ブレスレット、ペンダント、ピアス、リングのどれであれ、身につけることでクリスタルのパワーを活用できるようになります。

仕事運をアップするクリスタル［タイガーアイ］

　虎の目のように光って、鋭い力を感じさせてくれる石です。黄色系の色で、全体的には茶色い光沢があります。タイガーアイを身につけると、仕事への意欲ややる気を回復してくれます。仕事がうまくいかないで、悩んでいるときには、能力不足だと自分を責めることなく、タイガーアイのパワーを使って、自信を取り戻して本来の能力を発揮していきましょう。タイガーアイのブレスレットを左手につけて、手首に光っているクリスタルを見て、「自分にはできる！　やれる！」とつぶやいて、能力を発揮していきましょう。

金運をアップするクリスタル［ルチルクォーツ］

　透明のクリスタルのなかに金色の針状結晶が入っていま

す。日本語では、針水晶と呼ばれています。金色の針がお金のパワーをアップしてくれます。お金とご縁を深めたいときに、お金を引き寄せるパワーを与えてくれます。お金を引き寄せて、まわりに豊かな人々が増えるイメージをもちましょう。ルチルクォーツに好かれるために、お金も愛のエネルギーであると意識することで、お金の豊かさがめぐってくるでしょう。ルチルクォーツのペンダントを胸の真ん中あたりにつけて、あなたの愛がお金の豊かさを受けとれるのだと意識してみましょう。ブレスレットは左手につけましょう。

夢を叶えるクリスタル［アイオライト］

　青紫系の色で輝くアイオライトは、目標を決めた人が軽やかに目標を達成するように導いてくれます。迷うことなく、夢に向かって前進していきたいときに身につけることで、そのパワーが活用されていきます。「夢は叶うから絶対に大丈夫だよ！」と勇気づけてくれるでしょう。アイオライトの光を全身に注ぎながら、夢が近づいてくるのを感じてみましょう。自分の目標に向かって集中し、行動をとりつづけられるように、アイオライトのリングを左手の人差し指につけて働きかけてもらいましょう。

恋愛運をアップするクリスタル［ピンクトルマリン］

　濃いピンク色をしているピンクトルマリンは、あなたのなかに愛が満ちていくサポートをしてくれます。愛に満ちたあなたにパートナーを引き寄せるサポートもしてくれるのがこのクリスタルです。ピンクトルマリンはあなたのハートを癒やし、ハートを再び開いて、愛を放つことが自然にできることを思い出させてくれるでしょう。ピンクトルマリンのリングを左手の小指につけて、ハートを開いて、あなたの人生に愛を自然に引き寄せましょう。男性と女性を一つにしたシンボルは六芒星です。六芒星のペンダントトップもパートナーシップを引き寄せる手助けをしてくれるでしょう。胸の中心に六芒星ペンダントをつけるのもサポートになります。

人間関係を楽しめるクリスタル［ターコイズ］

　晴天の空の色のクリスタルは、あなたのコミュニケーション能力をアップしてくれます。人間関係を心地よくスムーズにする自己表現の力をつけるサポートをしてくれます。人間関係で自分のことをうまく伝えられないで、誤解されることがあったとしても、ターコイズはそれ以上にあなたらしく自分のことを相手に伝えることを応援してくれます。喉のすぐ下に丸いターコイズのペンダントトップをつけて、自分のことを相手にもっと知ってもらえるように

話しかけ、相手の話を聴いて好奇心をもって、人とかかわることをサポートしてもらいましょう。左手の中指にターコイズのリングを身につけることでコミュニケーションをさらに調和的にできるサポートをしてもらえます。

自分の可能性を開くクリスタル［モルダバイト］

　深いグリーンのモルダバイトは宇宙からやってきたクリスタルです。宇宙の叡智が無限に詰まっているので、潜在意識に眠っているあなたの可能性を開くために、あなたのなかにある不安や不信や恐れのエネルギーを解放して、より高い波動へと進化させてくれます。あなたが制限を超えていく手助けをして、新たな可能性を見出す情熱を感じさせてくれるでしょう。ブレスレットを左手につけたり、イヤリングをつけて、無限の可能性にアクセスする意図をもってモルダバイトを身につけましょう。右手の薬指につけると、あなたの創造力をよりアップして、未知なる可能性を開くサポートにもなるでしょう。

ダイエットを成功させるクリスタル［クリアクォーツ］

　ガラスのように透明なクリスタルは、万能のクリスタルとも呼ばれています。新陳代謝や細胞やDNAの活性化を促してくれます。ストレスが原因で体重が増えたりすることもあります。そんなストレスも解消して、安定した気持ちにもしてくれるでしょう。右手にブレスレットをつけた

り、両足にアンクレットとしてつけることもサポートになります。ペンダントトップとして、身につけてもよいでしょう。頻繁に水や塩などで浄化しながら、軽やかな気分でストレスフリーになって、ダイエットのサポートをしてもらいましょう。

魅力をアップするクリスタル［マザーオブパール］

　一部の貝に見られる白く光沢のある真珠質も自然界からの贈り物です。鉱物界の贈り物の一員ではないのに、なぜかいつもクリスタルと一緒に紹介される海からの贈り物です。女性らしさを引き出して、女性としての魅力に気づかせてくれます。マザーオブパールの指輪を右手の小指につけて女性性をアピールしたり、マザーオブパールのビーズでつくったネックレスをつけることで、自分に自信をもって、魅力的な自分を表現する手助けをしてもらいましょう。

ストレスを解消するクリスタル［マラカイト］

　緑色のマーブル模様になっているマラカイトは心とからだの緊張をやわらげてくれます。本来の安定した心とからだに戻すパワーがあるので、ストレスを抱えがちな人には必需品といえるクリスタルです。マラカイトのブレスレットを左手首につけながら、ストレスをタイムリーに解消してもらいましょう。ストレスを即座に解消してくれるマラカイトには、頻繁に浄化してあげることが求められます。

クリアクォーツのクラスターの上において、マラカイトを浄化する習慣をつけておきましょう。

透視能力をアップするクリスタル［アメジスト］

紫色の輝きを放つアメジストは、スピリチュアルな意識を高める手助けをしてくれます。アメジストを身につけると直感やインスピレーションを受けとりやすくなります。透視術を磨く人には欠かせないクリスタルの一つです。アメジストは、楕円形のイヤリングやペンダントトップとして身につけることで、スピリチュアルな能力アップに貢献してくれます。指輪としてつけるならば、左手の中指につけることで、直感力がされに磨かれるでしょう。

決断力をアップするクリスタル［シトリン］

透き通った黄色いクリスタルのシトリンは、自信を与えてくれて、物事を明晰に判断して、行動に移すことを応援してくれます。左手にもって、太陽神経叢のチャクラの上において自己信頼を高めて、大切なことを決めるときに活用してみましょう。普段は右手にシトリンのブレスレットをつけて、ペンダントトップは四角い形のものを選び、ハートよりやや低い胸骨のあたりにつけるようにすると、明確な意志をもって物事を決められるように手助けをしてくれます。

生命力をアップするクリスタル［ガーネット］

　赤い色の光を放つガーネットは、心もからだも元気づけてくれるクリスタルです。免疫力を高めてくれるので、からだの健康に貢献してくれます。持続力や持久力などもアップしてくれます。ガーネットのブレスレットを左手につけると、ガーネットのエネルギーを取りこんで、からだが活力にあふれている毎日を送ることを手助けしてくれます。

　胸腺の上に円形のガーネットのペンダントトップをつけることで、とくに免疫力をアップしてくれるでしょう。

自信をつけるクリスタル［サンストーン］

　オレンジ色のキラキラしたサンストーンは、太陽のように暖かいイメージがあります。積極性と自信を高めてくれ、自分らしさを自信をもって発揮できることに貢献してくれます。力強く自分の意志を貫くためにも働きかけてくれるので、ここぞっ！という力を発揮したいときにも応援してくれるクリスタルです。大きめのピラミッド型のサンストーンのリングは、左手の人差し指につけることで、より自信がもてるようになります。

ネガティブなものから守るクリスタル［ヘマタイト］

　深い黒みがかったシルバーの重みのあるヘマタイトは、魔除けの石として使われることがあります。ネガティブな

エネルギーを振り払うサポートをしてくれます。そして、生命力をアップして、心とからだのバランスを保てるように働きかけてくれます。アンクレットやブレスレットとして両手足につけて、ネガティブなものから守られたいときに、保護してもらいましょう。

人生に幸運を引き寄せるクリスタル［モルガナイト］

　淡いピンク色の光を放つモルガナイトは無条件の愛の波動をもっているクリスタルです。あなたは存在しているだけで無条件に愛されている、ということを思い出させてくれるでしょう。あなたという神聖な存在のなかにある「幸せになるために生まれてきた」ことを潜在意識から呼び覚まして、人生は幸せに満ちていることに気づかせてくれるでしょう。左手にモルガナイトのブレスレットをすることで、幸せが満ちていくサポートをしてくれます。モルガナイトのペンダントトップは、楕円形やハート形のものを選んで、胸の中心につけてあげましょう。あなたの魂レベルにある愛を満たして、「幸せは今ここにある」と感じさせてくれるでしょう。

アロマセラピー

香りの魔法

　魔法使いはハーブや花を、香りの魔法のために使います。
　アロマセラピーは、香りを活かして、精神・思考・感情・からだに働きかけていきます。
　アロマセラピーは、日本では1990年代ぐらいから普及してきていますが、もともと魔法使いは西洋医療がない時代から心身ともに必要な治療のために使っていたのです。当時は、自分の住まいのまわりにある植物と交流をして、アロマセラピーを行っていました。
　魔法使いは、永遠の美や命を慈しんで、神聖な自分が、よりこの地球で実現することへと働きかけます。
　宇宙は高周波を魔法使いに与え、大地は高周波を体現するために魔法使いと共同創造してくれます。

　魔法使いが使うアロマセラピーには、浄化スプレー、アロマバスなどがあります。
　マニアックになると、魔法使いの化粧品、魔法使いの若返りのクリーム、魔法使いの石鹸などがありますが、それは魔法使いを極めてからでも遅くありません。まずは手軽にスタートできるアロマの魔法を学んでおきましょう。

Chapter 6
アロマセラピー

いま必要なアロマを探す

　魔法使いはいつでも神聖さを感じるために、アロマセラピーを取り入れています。自分に必要なアロマセラピーを選ぶためには、透視術も使って選ぶと、自分にぴったりな精油が見つかります。

　聖域をつくったら、植物の世界をイメージしましょう。

　植物の世界には、木々の世界、ハーブの世界、花の世界、フルーツの世界があります。この4つの世界のどこからセラピーを受けたいかを決めてみましょう。

　それが決まったら、あなたの気持ちを感じてあげましょう。

　どんな気持ちをいちばん強く感じますか？

　幸せ、喜び、情熱、平和、安らぎ、イライラ、怒り、罪悪感、悲しみ、寂しさ、嫉妬、無力感などのどんな気持ちが湧き上がるかを答えてみましょう。

　そして、次ページ以降のリストのなかから精油を選んで、スプレーやアロマバスやディフューザーを使って、セルフケアをしてあげましょう。

樹木アロマの魔法

- **ローズウッド**……ローズのような香りは、深い悲しみや絶望感を解放してくれて、自分への愛を思い出すサポートをしてくれるでしょう。
- **サイプレス**……森林浴の香りを与えてくれるので、心の乱れを解放して、恐れ、罪悪感、挫折感からも自由になるサポートをしてくれるでしょう。
- **シダーウッド**……甘くて柑橘系の香りが漂う(ただよ)なかで、注意散漫になっている意識を整理して、集中力を取り戻すサポートをしてもらいましょう。
- **ミルラ**……苦くて甘い根っこの香りは、無気力や怠惰(たいだ)感を解放してくれて、再びグラウンディング（地に足をつけた状態）して、やる気を取り戻すサポートをしてくれます。
- **フランキンセンス**……ほんのりとレモンのような爽快(そうかい)な香りは、精神的な安らぎや静寂を取り戻すサポートをしてくれるでしょう。
- **パイン**……森林のキリッとした香りが、心とからだの疲れを癒やし、リフレッシュすることをサポートしてくれるでしょう。
- **ティーツリー**……さっぱりした香りは、ショックな出来事で怒りが湧き上がって、コントロールできなくなったときに、感情をやわらげるサポートをしてくれるでしょ

う。
- ●ベチバー……土の香りとほんのりと苦味のある香りは、イライラを解消し、忍耐力をもつサポートをしてくれるでしょう。
- ●**サンダルウッド**……白檀(びゃくだん)の香りは甘くて気高さを思い出させてくれ、平和な心にさせてくれ、瞑想(めいそう)のサポートをしてくれるでしょう。
- ●**スパイクナード**……土のなかに埋もれている根っこの甘くて強い香りで、グラウンディングをして、心の不安や緊張や恐れを解放するサポートをしてくれるでしょう。
- ●**パチュリ**……土の匂いがし、グラウンディングを助け、情緒を安定させてくれるサポートをしてくれるでしょう。
- ●**ユーカリ**……グリーン系のすっきりした香りは、まわりに呪縛された気分を解放して、自由を取り戻すサポートをしてくれるでしょう。

フラワーアロマの魔法

- ●**ローズ**……華やかさと愛を思い出させてくれるローズの優しい香りで、心の傷を癒やして、自分に愛を満たすことをサポートしてくれるでしょう。
- ●**ロータス**……上品で高貴な香りは、スピリチュアルな世界へと導いてくれます。霊性を高めて、精神的平安と静寂を届けてくれるでしょう。
- ●**ゼラニウム**……ハーブとローズが混ざったような香りは、

心をゆるめて、感情のバランスを整えるサポートをしてくれるでしょう。

- **ジャスミン**……甘くて濃艶(のうえん)でエキゾチックな香りは、女性として自信を回復するサポートをしてくれるでしょう。
- **ラベンダー**……優しい香りで癒やされます。リラックスして、ホッと一息つくサポートをしてくれるでしょう。
- **ネロリ**……ビターなオレンジのような香りは、日常のストレスをやわらげて、元気な気持ちを取り戻すサポートをしてくれるでしょう。
- **ラバンジン**……ラベンダーの香りより強い香りは、心もからだもリフレッシュして、気分転換するサポートをしてくれるでしょう。
- **ジュニパー・ベリー**……軽やかでウッディーな香りで、リフレッシュして、何かに集中するサポートをしてくれるでしょう。
- **カモミール**……フルーツのような香りで、ストレスを発散して、安らぎをもって睡眠をとるサポートをしてくれるでしょう。
- **クラリーセージ**……甘さと深みのある香りで、精神的な不安、恐れ、緊張感を解放するサポートをしてくれるでしょう。
- **イランイラン**……甘みのある妖艶(ようえん)な香りは、魅力アップに使いましょう。緊張をやわらげてくれる効果も期待できます。

Chapter 6
アロマセラピー

ハーブアロマの魔法

- **レモングラス**……草の香ばしい香りとレモンの香りのハーモニーで、活力をアップして、精神的にポジティブになるサポートをしてくれるでしょう。
- **コリアンダー**……スパイスの効いた甘みのある香りで、心を明るくさせ、集中することをサポートしてくれるでしょう。
- **セージ**……シャープで独特な香りは、意識を明晰にして、集中力を高めるサポートをしてくれるでしょう。
- **ペパーミント**……目が覚めるようなすっきりする香りは、イライラした気分を解放するサポートをしてくれるでしょう。
- **マージョラム**……ホッと温かい気持ちにするハーブの香りは、自律神経を整えてくれるので、心のバランスを保つサポートをしてくれるでしょう。
- **タイム**……薬品のような香りは、緊張から安らぎへと心が変化するのをサポートしてくれるでしょう。
- **ジンジャー**……ピリッとスパイスが効いた香りは、目を覚ませてくれて、集中したり、記憶力を高めるサポートをしてくれるでしょう。
- **シナモン**……甘くて刺激的な香りは、心もからだも元気にしてくれて、気力も活力もアップするサポートをしてくれるでしょう。

- **クローブ**……独特な甘みのある濃い香りで、失くした気力を取り戻すサポートをしてくれるでしょう。
- **バジル**……すっきり甘いハーブの香りは、疲れきった心もからだも安らぎへと導いてくれ、頭もすっきりして思考の転換をサポートしてくれるでしょう。
- **フェンネル**……甘いハーブの香りで、イライラも不安も解放して、リフレッシュするサポートをしてくれるでしょう。
- **ローズマリー**……サラッとキリッとした香りで、集中力をアップして、気持ちをリセットするサポートをしてくれるでしょう。

フルーツアロマの魔法

- **スイートオレンジ**……甘いオレンジの香りが元気にしてくれ、気持ちが晴れて、ワクワクすることをサポートしてくれるでしょう。
- **レモン**……さっぱりしたレモンの香りは心身をリフレッシュし、頭もすっきりさせるサポートをしてくれるでしょう。
- **ベルガモット**……甘くてさっぱり爽やかな香りは、怒りを解消するサポートをしてくれるでしょう。
- **グレープフルーツ**……爽やかな香りで、気分がすっきり爽快になって、物事に対してポジティブになるサポートをしてくれるでしょう。

Chapter 6
アロマセラピー

- **マンダリン**……パワフルでフルーティな香りは、ストレスを解放し、気分を爽快にして、行動に移すサポートをしてくれるでしょう。
- **ライム**……シャープで苦味のある柑橘系の香りは、不安も憂うつな心も解放して、リフレッシュするサポートをしてくれるでしょう。

　ハーブと同じように妊娠中の人は、ほとんどのアロマは避けるようにいわれていますが、レモン、グレープフルーツ、ベルガモットは別です。聖域をつくったり、アロマバスにも使うと、明るい気分になったり、食欲を安定させたりするサポートをしてくれます。
　ハーブやアロマセラピーは奥が深い魔法です。
　毎日の生活のなかで馴染んでいくことで、自分に合ったハーブやアロマセラピーを見つけられるようになります。
　ハーブやアロマに忍耐強くかかわって、たまには、シダーウッドの香りにサポートをもらいながら、毎日の魔法のハーブとアロマを実践していきましょう。

アロマスプレーをつくる

アロマスプレーのつくり方

☆――準備するもの
ガラスの遮光瓶（スプレー用）
ビーカーとガラスの棒
無水エタノール　5ml
精製水　45ml
100％の精油（ラベンダー、ローズマリー、フランキンセンス）各3滴
ボトルの口から入れられるクリアクォーツ

▶ STEP1

聖域をつくって、ラベンダー、ローズマリー、フランキンセンス、クリアクォーツの精霊たちを歓迎する。

「神聖なる私の名において、今この空間に、宇宙の愛と叡智のエネルギーと大地の生命エネルギーを招きます。ラベンダー、ローズマリー、フランキンセンス、クリアクォーツの精霊たちを招きます。私との神聖な共同創造において、オーラを浄化するためのアロマスプレーをつくることに貢献してください。そうなりました。ありがとうございます」

Chapter 6
アロマセラピー

▶ STEP2

　ビーカーとガラスの棒を使って、ラベンダー、ローズマリー、フランキンセンスをビーカーに3滴ずつ入れて、混ぜて香りを調合する。

　精霊たちとつながって、それぞれの生命エネルギーとともにオーラを浄化するために働きかけてもらうように、軽く目を閉じて祈る。

「神聖なる私の名において、オーラ浄化の魔法のスプレーをつくるための最高の香りとなって、共同創造を願います。そうなりました。ありがとうございます」

　それぞれの香りが混ざっていくのを、優しくガラスの棒で右まわりにまわしながら、宇宙の愛と自分の愛も注ぐイメージで混ぜていく。

▶ STEP3

　精油に無水エタノール、精製水を混ぜる。

　ブレンドした精油に無水エタノールを混ぜて、消毒した遮光瓶に入れる。

　精製水も遮光瓶に加えて、よく混ぜる。

▶ STEP4

　オーラを浄化するスプレーにクリスタルのパワーを入れる。

　クリアクォーツを左の手のひらにのせて、宇宙の愛と大地の生命エネルギーをクリアクォーツに注ぐイメージをする。

遮光瓶にクリアクォーツを入れて、3回振って出来上がり。

　3回振るときには、「宇宙の愛と大地の生命エネルギーとともに、浄化スプレーを完成しました。ありがとうございます」と3回唱える。

▶ STEP5
　出来上がったスプレーをオーラのまわりに降り注いで、味わう。

オーラの浄化スプレーは毎日使えます。少しからだや気持ちが重くなったときには、からだのまわりにスプレーしてあげます。そうすると気分もからだもすっきり軽やかになっていくでしょう。

Chapter 6
アロマセラピー

アロマバスの魔法

　一日の疲れは、お風呂で癒やされます。普通にお風呂に入るだけでも、からだも心もリラックスしますが、アロマをバスタブに数滴落とすだけで効果がアップします。

　バスタブに精油5滴を目安に入れましょう。ブレンドしたいときも全部で5〜6滴。2〜3種類をブレンドして、バスタブに宇宙の愛と大地の生命エネルギーを充分に取りこんで、右まわりにかき混ぜてあげましょう。バスタイムの目安は30分から40分ぐらいです。

　目的別で使う精油を選んで、試してみましょう。

● **リラックスしたいときに効果のあるアロマ**
　ラベンダー、フランキンセンス、カモミール
● **ダイエットに効くアロマ**
　グレープフルーツ、マージョラム、ローズマリー
● **愛に効くアロマ**
　ローズ、ジャスミン、イランイラン
● **すっきり目覚めるアロマ**
　ペパーミント、ユーカリ、レモングラス
● **浄化してくれるアロマ**
　ティーツリー、サイプレス、レモン

聖域をつくるアロマの魔法

　魔法使いはお香を焚くように、アロマの香りを楽しみます。

　魔法使いの部屋には100種類近くの精油が木箱や棚に保管されています。

　自分の部屋のなかをいつも聖域にするために、いくつかの精油をソイキャンドル（大豆でできたロウソク）で灯(とも)して、溶けたロウに1、2滴たらして使っています。

　部屋で香りを楽しむためのアロマポットも、聖域を保つために使います。

　魔法使いは、部屋の空間は自分の神聖さの波動をキープするために、クリスタルを置いたり、アロマを焚いたりして聖域をつくり、居心地のよい部屋で過ごすようにしています。

　最近は、火を使わない安全なアロマディフューザーがあります。アロマディフューザーのほうが、安心で長持ちしますのでオススメします。

　聖域というのは、波動の高い空間のことなので、自分のその日の気分でどんなアロマを使ってあげたら波動が上がるかを選択して、ディフューザーを使って聖域をつくりましょう。ディフューザーには、お水を入れる容器が備えつ

Chapter 6
アロマセラピー

けられています。お水を入れてから、その日にどんな聖域をつくりたいかで精油を選びます。
　精油を選んだら、お水を入れた容器に3滴入れてスイッチオン。祈りの言葉を忘れずに！
「神聖なる私の名において、聖域をつくるための最高の香りとなって、共同創造を願います。そうなりました。ありがとうございます」
　これで、ディフューザーから出てくる香り豊かな蒸気で、聖域がつくられていきます。聖域で使う呪文を唱えて、セルフケアをしてあげましょう。

●**愛にあふれる魔法の香り**
　ローズ、ジャスミン、スイートオレンジ、イランイラン
「私は愛に満ちた存在です。愛を循環しています」
●**情熱をアップする魔法の香り**
　スイートオレンジ、レモングラス、グレープフルーツ
「私の情熱は無限です。情熱に満ちた私が今ここに存在しています」
●**静寂の魔法の香り**
　フランキンセンス、カモミール、ラベンダー
「私は平安を選びます。静寂のなかで私らしく過ごしています」
●**幸せの魔法の香り**
　ローズ、ゼラニウム、イランイラン

「私は幸せを選択しています。幸せは今ここにあります」

●**豊かさの魔法の香り**

　スイートオレンジ、フランキンセンス、ローズウッド

「私は豊かな存在です。豊かさは私のなかにあります」

●**霊的進化の魔法の香り**

　フランキンセンス、ローズ、ロータス

「私は神聖な存在です。霊的進化は一瞬一瞬起きています」

●**落ちこみ解消の魔法の香り**

　ローズマリー、タイム、スイートオレンジ

「私の本質は愛と喜びです。いま、私の本質を発揮しています」

●**イライラ解消の魔法の香り**

　シダーウッド、クラリーセージ、カモミール

「私の本質は平和です。いま私はその本質を体験しています」

●**怒り解消の魔法の香り**

　ティーツリー、ペパーミント、ユーカリ

「私は真実を選択します。本質を見極めて、今ここにいます」

●**悲しみ解消魔法の香り**

　ローズウッド、カモミール、サンダルウッド

「私は今ここですべてに感謝することを選択します」

魔法と月の魔力

新月と満月に集う

　古代レムリア時代から魔法のエッセンスは、陰と陽のエネルギーが一つになって、初めて魔法が形をなしていく、と伝えられていました。月夜には、その両方のエネルギーが調和して、まだ見ぬ可能性を潜在意識から引き出してくれます。

　見えなかった可能性が、自然に見えやすくなるのも、月夜の光のおかげです。

　月夜には、見えないものを見る力が働きやすくなり、透視術を開花しやすい時間でもあるのです。潜在意識と顕在意識の間にあるベールが薄くなり、より鮮明に月夜の光で引き出されていきます。

　魔法使いは新月に集います。

　新月には、もっとも大切な未来のためのビジョンをかかげて、そのビジョンを実現するための魔法を使います。新月のパワーというものは、完全に陰陽のエネルギーが一つになっていることを表現しています。

　このときには、新しい星が生み出されるほどの爆発的なパワーが月から地球に送られてきます。魔法使いは、このパワーを利用して、ビジョンを叶えるための力を受けとり

ます。見えなかった未来を明確にイメージする魔法が働くのです。

　魔法使いは満月にも集います。
　満月になると陰陽が一つになって、すべてが満ちた光を地球に放ってくれます。満月のパワーには、すべてが叶って完全であることを教えてくれるエネルギーに満ちています。
　このときには、地球が与えてくれている生きとし生けるものへの感謝を送ったり、すでに叶ったビジョンに感謝する魔法を世界に届けます。満月の光のパワーのおかげで、感謝したり、慈しむ心を磨くことができるのです。

　魔法使いにとって、新月と満月は、大切な魔法の儀式の夜となります。
　大切な新月と満月の魔法の儀式のために、魔法使いの時間を最優先しています。
　何よりも優先することで、月の魔力は魔法使いの意図したことを叶える手助けをしてくれます。月夜の奇跡は、月と魔法使いが大切な時間を共有するからこそ実現していきます。

月夜の奇跡を起こす

　月夜の奇跡を起こすには、魔法使いが何よりも月とつながるというコミット（決意）が必要です。

　コミットがないところには、月のパワーは集まってくることができません。そして、魔法使いが何に向けて意識を集中させるかで、叶えられていく魔法も変わってくるのです。

　月のパワーとつながって、魔法を叶えたいならば、自分の内なる女性性と男性性のエネルギーのバランスをとることを求められます。

　月とかかわると、女性性を開くことを通して、男性性のエネルギーとの調和がとれるようになっていきます。

　月とのかかわりをスタートすると、いちばん初めに、自分の女性性に意識を向けるようになります。

　月を通して、自分の内側にある女性性を表す才能や資質が目覚めていきます。

　潜在意識のなかにある直感、感性、創造性、ひらめき、ビジョン、慈愛、受容力などの女性的な才能が開きはじめます。

　自らの女性性が目覚めると、自然に自分の内側にある男

Chapter 7
魔法と月の魔力

性性に意識が向きはじめます。

　男性性を表す才能や資質は、決断力、行動力、計画性、物事を遂行する能力、信念を貫く力などの能動的な資質や才能です。素晴らしいビジョンやひらめきを受けとって魔法が叶えられるには、このような男性的な資質や才能が求められます。

　月のパワーの陰には太陽のパワーも備わっているので、男性性のエネルギーも培（つちか）われます。

　陰陽2つのパワーである女性性、男性性は、魔法には欠かせないパワーなのです。

月が教えてくれること

　太古から魔法使いの教えのなかでは、月を女神として、太陽を神として仰(あお)いでいました。

　月を見て、月の女神様と呼んで、月を水を張ったボウルのなかに映して、静かに水に浮かんだ月を通し、透視術を使うこともありました。

　月は、見えないものを見る力を与えてくれるので、自分の潜在意識にある感情や可能性や見たくない闇の自分をもただ優しく映し出してくれます。

　月のパワーは優しく深く、魔法使いの心のなかを映し出します。

　月の魔法を使えるようになるために、魔法使いは自分の見えない部分を明らかにして、浄化したり、才能を開花させたりします。

　魔法使いが月の魔力を使うときには、誓いを立ててから月のもつ魔力を使います。

　どんな魔法を使うときにも、忘れてはならない誓いの一つは、愛をもって月の魔力とつながって、月の魔法を自分やまわりの幸せのために使うことです。

　月の満ち欠けによって、月のパワーの使い方は変わってきます。

Chapter 7
魔法と月の魔力

　新月から満月へ、満月から新月へと、月は姿を変えて、魔法使いに囁いてくれます。

　日々の月の姿を仰ぎながら、月の囁きをキャッチするためには、自分の深い感情とつながることが大切です。

　毎晩、月を見上げて、月明かりを自分の瞳に映しながら、心の深いところにある愛や喜びや幸せを感じたり、日によっては、切なさ、悲しみ、怒りや恐れを感じながら、月に向かって、自分の感情と向き合います。

　月の魔法は、そのときの月と自分の波長が合ったときに叶えられます。そのために、魔法使いは曇りのない気持ちで月との関係を結びます。

　月の満ち欠けには名前がついていて、「ムーンフェイズ」と呼ばれています。新月、満月、上弦の月、下弦の月の4つのフェイズから学びながら、月との関係を深めましょう。

　魔法使いは新月になったら、新しいことを始めるために、自分の心のなかを浄化してリフレッシュし、気分を充分味わいます。

　リフレッシュした新鮮な心意気で、新月から満月にかけて、叶えていく魔法を使います。

　夢やビジョンを現実化する魔法の時間を新月につくります。太陽は新月の後ろに隠れて、新月の瞬間は真っ暗闇のなかに月が存在します。

　新月には、月明かりが、一瞬消え去ります。そして、刻々

と月明かりが蘇ってきて姿を現しますが、この瞬間ほど、魔法の力が引き出されることはありません。

　ゼロから何かをスタートするという開拓のエネルギーが備わっていて、無から有を生み出す力を魔法使いに与えてくれるのです。新月のパワーは実現力が半端ではありません。

　魔法使いは新月に決め事をする習慣をもっています。毎月、新月には新しい自分を引き出すことや、その日に湧き上がった新しいビジョンを実行に移します。

　魔法使いは新月の時間が来る8時間前から浄化の魔法をスタートさせます。

　自分のなかの気づかなかった深い心の傷を癒やしたり、引きずりつづけてきた感情を癒やして、新たな心で新月を迎える準備をします。

　新月を迎える瞬間からは、意識をピタッとクリアにして、新月の具現化の魔法へと気持ちを移して、新たな決断をして、新月の時間に魔法を叶える誓いを立てるのです。

　魔法を使うときには、魔法の力を弱めてしまう魔の時間を避けるようにします。

　魔の時間は「ボイドタイム」と呼ばれています。新月と満月のボイドタイムは、魔法が叶わない時間帯になるので、この時間帯を避けて、魔法に取り組みます。

新月の浄化の魔法

●STEP1「新月の女神に浄化の祈りを捧げる」
「新月の女神よ、神聖な私の名において、今日の新月に向かうパワーで、私が願いを叶えることに抵抗している○○（恐れ、罪悪感、不信感など）を解放し、楽しくスイスイと願いを叶えるために、手助けをしてください」と祈る。

●STEP2「アロマバスの魔法を使って、浄化する」
新月に向かうパワーとアロマバスの魔法を使って、浄化をする。過去に傷ついたことで、一歩踏み出せなくなっていることに気づいたら、白いカーネーションの花びらをアロマバスに浮かべて、過去の傷も癒やしてもらう。30〜40分のアロマバスの魔法で、すっきりとクリアになっていく。

●STEP3「感謝とともに終了する」
白いギザギザの花びらのカーネーションに過去の傷を明け渡して、浄化されたことに感謝する。新月の女神に、新月の月に向かうパワーで浄化を手助けしてくれたことに感謝する。アロマバスの魔法で、浄化も同じように精油の精霊たちに感謝する。

浄化した、精神・思考・感情・肉体はリセットされます。
　新月のエネルギーに満たされて新しいスタートが始まります。
　心から正直に叶えたい願いがあるなら、新月の時間を待って、新月の願いを叶える魔法を実践していきましょう。

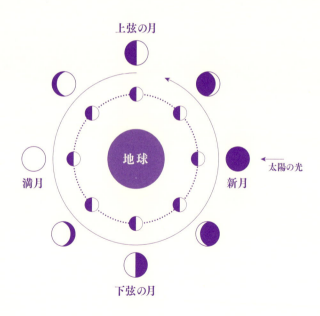

Chapter 7
魔法と月の魔力

新月の現実化の魔法

● **STEP 1「新月の女神に祈りを捧げる」**
「新月の女神よ、神聖な私の名において、今日の新月のパワーをもって、私は〇〇を実現することを決断しました。新月のパワーを私のもとに注いで、〇〇を叶える手助けをしてください」と祈る。

● **STEP2「新月から8時間以内に願い事を書く」**
（1）白い紙にゴールドのペンを使って、以下を参考に、自分が実現すると決断したことを書く。
「神聖なる私の名において、（姓名）は、〇〇を実現します。そうなりました。ありがとうございます」
（2）日付けを記入する。
（3）新月の女神に伝えるために、声に出して読む。

● **STEP3「新月のエネルギーを自分にも紙にも注ぐ」**
（1）新月のエネルギーを自分の全身に注ぎながら、決めた内容を書いた紙を新月の方向に向かってかざす。
（2）新月の具現化の月のパワーを注ぐ。
（3）新月のパワーを注ぎながら、願いが叶ったときの幸せな波動を味わう。

◉ STEP4「願ったことを書いた紙を保管する」
（1）願いを書いた紙は、天然の素材のコットンや麻やシルクの袋に入れて持ち歩く。
（2）または、家のなかのサイドテーブルや棚に、お気に入りのクリスタルと一緒に置く。

◉ STEP5「満月になったら、紙を燃やす」
（1）満月の8時間以内には、決め事を書いた紙は燃やす。
（2）燃やした灰は土に還すか、水に流す。
（3）すでに願いが叶ったかもしれませんが、叶っていなくても、ベストなタイミングで叶うことを信頼する。
（4）すべての月（新月、上弦の月、満月、下弦の月）の女神と大地に感謝する。

　新月の願いを叶える魔法は、とてもパワフルです。現実化する確率が高いのですが、願い事によっては、思ったようなこと以外のことが叶う場合もあります。
　その理由は、願い事が自分の最善ではなかったために、それ以上の最善が起きたということです。
　一方、叶わなかった場合の理由は、自分のことではなく、誰かが関与しているケースでは、相手の自由意志に沿ったことではないから叶わないのです。
　まず、新月の願いを叶える魔法を実践するのは、自分にフォーカスしたことからスタートしましょう。たとえば、

Chapter 7
魔法と月の魔力

自分の開きたい才能に集中したり、変えたい習慣などについて、この魔法を使ってみましょう。

　魔法使いは、新月から半月になる上弦の月の日には、新月に決めた魔法を叶えることについて、何が真実であるかを見極める魔法の時間をつくります。
　新月の魔法が着実に進んでいると、気持ちもやる気もポジティブな状態になります。
　同時に、思いもよらない出来事で心を悩まされてしまうために、新月の魔法がうまく働いていないのでは？　と疑ってしまうかもしれません。不安や不満が湧き上がってきて、せっかくの魔法をやめたくなることも出てきます。焦りを感じて、無理な行動をとって自信をなくしてしまうかもしれません。
　魔法使いは上弦の月明かりのなかで、本当にフォーカスすることや、そうでないことを明らかにしていく魔法を使って、困難な状況を乗り越えていきます。
　上弦の月の魔法を使って、本来の方向性とやりつづけることを明確にすることで、継続する力を受けとります。
　魔法使いは潔く迷いを切り捨て、必要のない行動をやめて、自分の意志を確認するために上弦の月の魔法を使います。そして、上弦の月の女神との対話を通して、このタイミングで自分に必要な信念や行動に移すことを明らかにしていきます。

上弦の月の魔法

● **STEP1「上弦の月の女神に祈りを捧げる」**
「上弦の月の女神よ、神聖な私の名において、上弦の月のパワーをもって、私は〇〇（あなたの願い）を実現するために△△（あなたがとってきた行動）という行動を起こしてきました。私にとって、この時点で必要な信念や行動を明確にする手助けをしてください」と祈る。

● **STEP2「上弦の月の女神からの質問を通して対話する」**
以下の質問に答えてみる。質問の答えは紙に書く。
（1）願いを叶えるために充分情熱を注いだか？
（2）情熱を注いで、どのような変化があったか？
（3）その願いを叶えるために、まわりに伝えて、サポートを受けとったか？
（4）サポートを受けとったなら、どんなサポートを受けとることができたか？
（5）そのサポートによって気づいたことは何か？
（6）サポートをした相手に感謝したか？
（7）願いが叶う兆しを読みとれたか？
（8）どんな兆しに気づいたか？
（9）願いを叶えるために大切にしている信念は何か？

（10）願いを叶えるために手放したい感情や信念は何か？
（11）願いが叶ったときにいちばん感謝したいのは誰か？

●STEP3「上弦の月の女神のパワーを受けとって、誓いを立てて、感謝で終わる」

この時点で、願いを叶えるためにあなたが大切にしたい信念を明確にして、上弦の月の女神に願いを叶えるために信念と行動をとりつづける誓いを立てる。

「上弦の月の女神よ、いま私は願いを叶えるために、〇〇（もちつづける信念）という信念をもって、△△（行動に移す内容）を実行します。上弦の月のパワーを受けとって行動に移します。そうなりました。ありがとうございます」

全身に上弦の月のパワーを注ぎながら、誓いを立てた言葉の響きも注いでいく。伝えた言葉は波動そのものなので、その波動を上弦の月のパワーと一緒に全身に注ぎながら、ワクワク軽やかに行動に移しているイメージをしてみる。

　上弦の月の女神とかかわって、魔法使いは満月に向かいます。揺るぎない信念と行動を持続して、魔法を叶えるために活動を続けていきましょう。

満月の魔法

　魔法使いは満月の月明かりで祝福を受けとります。新月から続けてきた魔法が叶えられたことへの感謝と喜びを表現する魔法です。

　この魔法は、より魔法使いの波動を高めてくれます。新月から決断したことが実現したことを満月に感謝して、自分にもまわりにも感謝するための祝福の魔法なのです。

　また、同じ満月の月明かりは、努力や成し遂げようとしたことが実らないときには、大きく感情を揺さぶります。

　でも、実らないことが失敗だと思ったり、もう叶わないとあきらめる必要はありません。実らないのではなく、そのタイミングがズレていただけだったり、違った形で実現していくこともあるからです。

　しかし、ネガティブな感情を押し殺したままにすることは、魔法使いの波動の力を落としてしまいます。ネガティブな感情を無視することなく、満月の女神のパワーを借りて、変容していきましょう。本来のポジティブな感情が味わえるようになるために、満月の感情解放の魔法と満月の感謝の魔法を活用してみましょう。

満月の感情解放の魔法

● STEP1「満月の女神に感情を解放する祈りを捧げる」

「満月の女神よ、神聖な私の名において、今日の満月のパワーで、私が顕在意識と潜在意識の両方で溜めこんできた重い感情を解放する手助けをしてください。そして、私のなかにある軽やかで豊かな感情にフォーカスする手助けをしてください」と祈る。

● STEP2「クリスタルの魔法で、顕在意識と潜在意識に溜めこんできた感情を解放する」

満月のパワフルな光とセレナイトの光を、オーラにもチャクラにも全身にも注ぐ。セレナイトムーンライトシャワーで湧き上がってくるイライラ、怒り、嫉妬、無力感などを深い呼吸をしながら、光を吸いこんでは吐き出しながら、感情を解放する。

あなたを重くしてきた感情がセレナイトムーンライトシャワーで解放されていくと、心もからだも軽くなってリラックスしてくる。すっきりしたと感じたら次のステップへ移る。

● STEP3「満月の女神に月のパワーで満たしてもらい終了する」

「満月の女神よ、神聖な私の名において、いま私は軽やかになって、幸せを受けとる準備が整いました。満月のパワーを受けとって、幸せにフォーカスして日々を送る手助けをしてください。ありがとうございます。そうなりました」と祈ったら、満月のエネルギーで満たされていくなか、幸せを一瞬一瞬、選択していくことを満月の女神に誓う。
「満月の女神よ、神聖な私の名において、この瞬間から、幸せを選択しつづけて日々を送ります。愛と感謝とともにそうします」そして、月日、姓名を伝える。

Chapter 7
魔法と月の魔力

満月の感謝の魔法

◉ **STEP1「満月の女神の月のパワーをお水に注入して、ムーンローズ・ウォーター（満月水）をつくる」**

ムーンローズ・ウォーターのつくり方

（1）ガラス、またはクリスタルでできたボウルに天然水500mlを入れる。
（2）その水に幸せを呼びこむローズの花びら1輪分を浮かべる。
（3）満月の光とローズの幸せを呼びこんで、完成。

心の底から、満月の女神とローズの精霊たちに感謝とともに祈りながら、ムーンローズ・ウォーターをつくる。
「満月の女神よ、ローズの精霊たちよ、神聖な私の名において、満月とともに私は愛に満ちた存在となりました。そうなりました。ありがとうございます」
満月の光とローズの花びらが水に転写されるように一晩置く（部屋の外に置かなくても満月の光は届くので、窓辺などに置いておく）。

◉ **STEP2「翌朝、目が覚めたら、ムーンローズ・ウォーターをいただき、感謝とともに終了する」**

ガラスのコップにムーンローズ・ウォーターを注いで飲む。
一口飲むたびに感謝する。
たとえば、
「新月から満月までに訪れた喜びや幸せ体験に感謝すること」
「あなたをサポートしてくれている人たちに感謝すること」
「家族やパートナーに感謝すること」
「友人に感謝すること」
そして、「あなた自身に感謝すること」も忘れずに。

◉ **STEP3「残ったムーンローズ・ウォーターは、冷蔵庫に入れて、なくなるまで、毎朝、感謝の想いとともにいただくようにする」**

満月の魔法は、あなたをより豊かな存在にして、再び、新月へと向かう準備をしてくれます。溜めこんできた悪感情には終止符を打ち、新たなステージをスタートさせていくために、今あることにたくさんの幸せを見つけて、自分やまわりに感謝を送ることが大切な満月の過ごし方です。

下弦の月の魔法

　魔法使いは満月の祝福を受けとって、光に満ちた月が日ごとに欠けていくなかで、自分の今ここにある状況を振り返りながら、どのように自分が活かされているか？　を内省します。

　どんなことが叶えられて、何に貢献したか？

　受けとったスピリチュアルなレッスンを腑に落とします。

　そして、本来の自分ではないものを次々に手放して、身軽になっていくために、このタイミングで何をするかを明確にしていきます。

　この時期には、複雑なことはしないで、むしろシンプルに物事を捉えたり、進めていくことを選ぶようにします。

　心のなかに不安や恐れなどを抱えているのであれば、その部分にも意識を向けて、重くなっていた気持ちを軽くするために魔法を使います。

　魔法を使うと、この時期は、心もからだもどんどん軽くなるので、部屋の空間にも古くなったと感じるものがあるなら、リサイクルに出したり、必要な人に譲って、断捨離をしていきます。

　物質の断捨離だけでなく、本来の自分を表現することを阻んできた概念や価値観も整理し、超越していくことに意

識を向けていきます。
　下弦の月の魔法を使って、本当の自分に再誕生するために働きかけましょう。

● STEP1 「下弦の月の女神に祈りを捧げる」
「下弦の月の女神よ、神聖な私の名において、下弦の月のパワーをもって、私のこの月の人間関係や果たしてきたことを振り返り、本来の私がかかわることを明らかにする手助けをしてください」と祈る。

● STEP2 「下弦の月の女神からの質問に答える」
以下の質問に答えてみる。質問の答えは紙に書く。
（1）この21日間、私は何を成したか？
（2）誰に、どんな貢献をしたか？
（3）私は充分に才能を発揮してきたか？
（4）この時点で、何を変えることで私らしくいられるか？
（5）いま開いていく才能は何か？
（6）リセットする関係はあるか？
（7）すぐにやめたら、最善が見出せることは何か？
（8）完結していないことをどのように完結するか？
（9）新しいスタートのために、今すぐできることは何か？

● STEP3 「下弦の月の女神のパワーを受けとって、誓いを立てて、感謝で終わる」

Chapter 7 魔法と月の魔力

この時点で、何を明確にして、リセットしたらよいことは何かなどがわかったら、下弦の月の女神に誓いを立てます。
「下弦の月の女神よ、神聖な私の名において、私は再誕生を遂(と)げて、新しい〇〇（気持ち、価値観、信念、行動基準など）を新月に向かって、習慣にしていきます。そうなりました。ありがとうございます」
全身に下弦の月のパワーを注ぎながら、全身に誓いを立てた言葉の響きも注いでいく。次の新月に向かって、リフレッシュしたイメージなどを思い浮かべて、誓った言葉を充分噛みしめて日常を送っている感覚を味わいましょう。

　同じ半月でも上弦の月と下弦の月のパワーは違います。それぞれの月のサイクルで月の魔法を実践しながら、月のもつ魔力がどんなものであるかを体験していきましょう。
　魔法使いは、月のサイクルに沿って日常を送ることを選んでいます。
　それは、それぞれのサイクルの月が、魔法使いのもつ神聖な魅力を思い出させてくれるからなのです。
　月の女神たちは、自然のリズムに沿って、私たちに自分という神聖な魔法を開いてくれます。

月と約束の時間をもつ

　魔法使いは、自分と月を同じ存在として月とかかわっています。
　毎日、その月の形や光り加減を見ながら、
「今日の私はどんな気分？　幸せ気分？　ワクワク気分？　平和な気分？」
　などと自分の心に問いかけ、気持ちや想いを感じています。
　鏡のかわりに月を見て、月を通して、自分のなかに封じこめた気持ちや想いを引き出していきます。月の力は、自分自身と深くつながればつながるほど、繊細な働きに気づけるようになっていきます。

　魔法使いは、繊細な自分の気持ちや想いを月と深くかかわって、感じていくようにしています。そうするために、自分の心のなかにある静かで、波も立っていない湖を思い浮かべます。そして、その日、その時間に夜空に浮かんでいる月の形と光を、その湖に映し出してみます。
　その湖に自分の気持ちを集中して、しばらくゆっくりと深い呼吸をしてみます。
　湖に映した月の色や形を感じてみたら、どんな想いが浮

Chapter 7
魔法と月の魔力

かび上がってくるかを観察してみます。次々に浮かんできたら、とめることなく、自然にその想いや気持ちを感じることだけに集中してみます。

こんどは、湖に映っている月のほうから何か反応があるとしたら、どんなものかをイメージします。もし、すべての想いや気持ちを月が受けとめてくれて、月が何らかの知恵やメッセージを送ってくれているとしたら、それは何かを感じてみましょう。

魔法使いは、人とかかわるときと同じように、月とかかわることを習慣にしています。

習慣になっていると、毎日、月と会話をすることはやめられなくなるのです。

最初はまるで独り言のような気がするかもしれません。しかし、月の形や色は、見る時間や見るときの状態によって、まったく違ってくるのです。その時々の月との対話を楽しみながら自分自身の素直な心とつながっていくことで、月との絆が深まっていきます。

魔法使いは中秋の名月のときだけに、月夜を楽しむのではありません。

月夜は毎晩、楽しめるのです。なかでも三日月の夜を楽しむことを忘れません。三日月を見上げては、月明かりに浸って、安らぎの時間を自分に与えます。魔法使いは三日

月の光に乗って、三日月の魔法を使います。
　三日月の魔法は、まわりの疲れて無気力や絶望感に苛(さいな)まれている人のために、優しい光を与えます。
　その優しい光にこめる言葉は、
「大丈夫」
「うまくいくよ！」
「きっと、幸せになれるから」
　など、そのときまわりにいる人に声をかけるように、三日月の光を通して、届けます。
　魔法使いは自分も安らいで、まわりにも安らぎを与える魔法を三日月の日に使います。
　自分に安らぎが不足していると感じるときは、まずは、自分に三日月の魔法をかけて、心の安らぎを与えます。

　月を味方にするために、毎日、月と約束の時間をもつことを決めましょう。月と対話することを習慣にしていくことで、月との共鳴が始まります。すると、月は自分の心を映し出すという大切な役割を果たす親友になってくれます。
　自分の心とつながっていくと、月の力とも自然につながっていきます。魔法使いは自分のライフスタイルのなかに、大切な月の魔法の時間をつくって、豊かな夜のひとときを過ごしています。

おわりに

魔法使いの人生は いつでも選択できる

魔法使い的生き方をしていたら、ほとんど毎日、幸せな人生の流れを自由に感じることができます。
　そんな日々のなかでも、突然、魔法使い的生き方を揺るがすような出来事も起こります。
　それは、自分が魔法使いであることに対する恐れの波が、心に現れるときです。恐れにパワーを与えたら、魔法使い的生き方をいったんやめたいという思いが強まるかもしれません。そして万が一、魔法使いをやめたくなったら、いつでもやめても構いません。

　自分にとって腑に落ちないことで、魔法を使いつづけることほど不幸なことはありません。
　しばらくは、魔法を使うことをやめてもいいのです。
　あなたを追いかけて、魔法使いを裏切ったなどという人は誰もいないのです。

　自分の心にしたがっていれば、それでいいのです。

　神聖な自分にいったん出会ったら、その自分から外れていくことはありません。
　魔法使いをやめたくなるきっかけが、どんな理由であったとしても、あなたのなかに芽生えた神聖さはなくなることはないのです。そして、自然界のパワーや宇宙の法則から切り離されることもないので安心してください。

この本にある魔法を使わなくなったからといって、魔法使いをやめてしまうということでもありません。
　それ以上に魔法使い的生き方というのは、よりあなたらしく輝いて生きることです。
　自分にとって「これだ！」と思えることが見つかったら、それがあなたにとっての幸せな人生の送り方なのです。
　大切なことは、魔法使いをやりつづけようが、やめてしまおうが、自分の神聖さを信じて、自分の命が活かされて、ハッピーで満たされている毎日を送りつづけることなのです。

　人生の魔法は、あなたが幸せだと決めたときに、自然に本当の自分らしい人生を生きているあなたに出会えることが約束されています。

● 著者プロフィール

穴口恵子（あなぐち・けいこ）

スピリアルライフ提唱者、株式会社ダイナビジョン代表取締役。
スピリチュアル（目に見えない世界）とリアル（現実）を統合して、日々の生活のなかで実践するスピリアルライフを通し、誰もが無限の可能性を開き、人生のバランスをとりながら幸せで豊かに生きることを提唱する。
現在、日本でスピリチュアルスクールやショップの経営、セミナー事業等を行うかたわら、聖地として名高いアメリカのシャスタ山でもショップを経営している。とくに、スピリアルライフをサポートするセラピストの育成に力を入れており、オリジナルのヒーリングやチャネリングメソッド、瞑想法、認定コースを全国で開催、スピリチュアルな起業家の育成を積極的に行い、これまでに著名なスピリチュアルリーダーなど含む2000名以上のセラピストを輩出している。
世界中にスピリアルライフを広めることで、世界平和を実現することを目標にかかげ、年間の2分の1を海外の聖地で過ごし、スピリアルライフを楽しみながら、執筆・セミナー活動を行っている。
著書に『まんがでわかるお金と仲良しになる本』（イースト・プレス）、『人生に奇跡を起こす「引き寄せ」の法則』（大和書房）、『あなたにもできる！スピリチュアル・キャリアのつくり方』（廣済堂出版）など多数。

オフィシャルブログ
https://ameblo.jp/keikoanaguchi

オンラインサロン「魔法大学」
https://salon.kizuna-cr.jp/wizard-academy/

Kizuna Pocket Edition
穴口恵子の魔法手帳

2019年4月25日　初版第1刷発行

著　者　　穴口恵子
発行者　　櫻井秀勲
発行所　　きずな出版
　　　　　東京都新宿区白銀町1-13　〒162-0816
　　　　　電話 03-3260-0391
　　　　　振替 00160-2-633551
　　　　　http://www.kizuna-pub.jp/

ブックデザイン　福田和雄（FUKUDA DESIGN）
編集協力　　　　ウーマンウエーブ
印刷・製本　　　モリモト印刷

©2019 Keiko Anaguchi, Printed in Japan
ISBN978-4-86663-071-7

Kizuna Spiritual

神聖な自分と出会う 魔女入門
穴口恵子
自然のパワーを引き寄せ、味方につける7つのレッスン
1500円

運命の約束
アラン・コーエン 著／穴口恵子 訳
生まれてきた意味を思い出す魂の一冊
1500円

月のリズム ポケット版
來　夢
月の満ち欠けから、あなたの月相、ホロスコープから見る月星座
毎日の気の流れを読む二十四節気まで
月のパワーを人生とビジネスに生かす方法
1200円

12星座別男子のトリセツ・シリーズ
『12星座で「いちばんプライドが高い」牡羊座男子の取扱説明書』
ほか「牡羊座」〜「魚座」まで全12冊

櫻井秀勲／來　夢　監修
大切なあの人と、もっと近づきたい人に──12星座別男子の本音とタテマエ
1200〜1300円

表示価格は税別です

http://www.kizuna-pub.jp